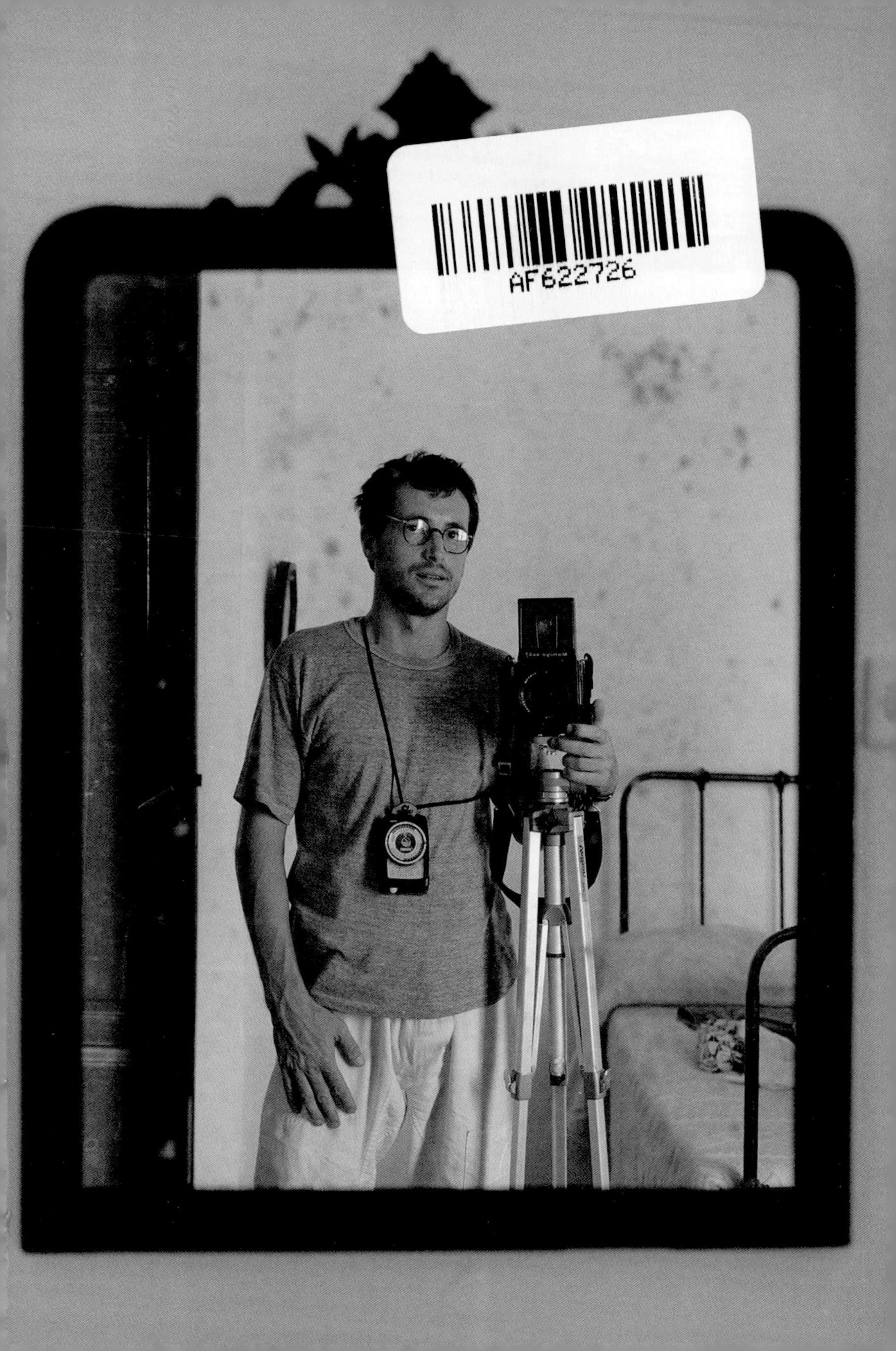

Biblioteca PHotoBolsillo

Atín Aya

PHotoBolsillo LA FABRICA

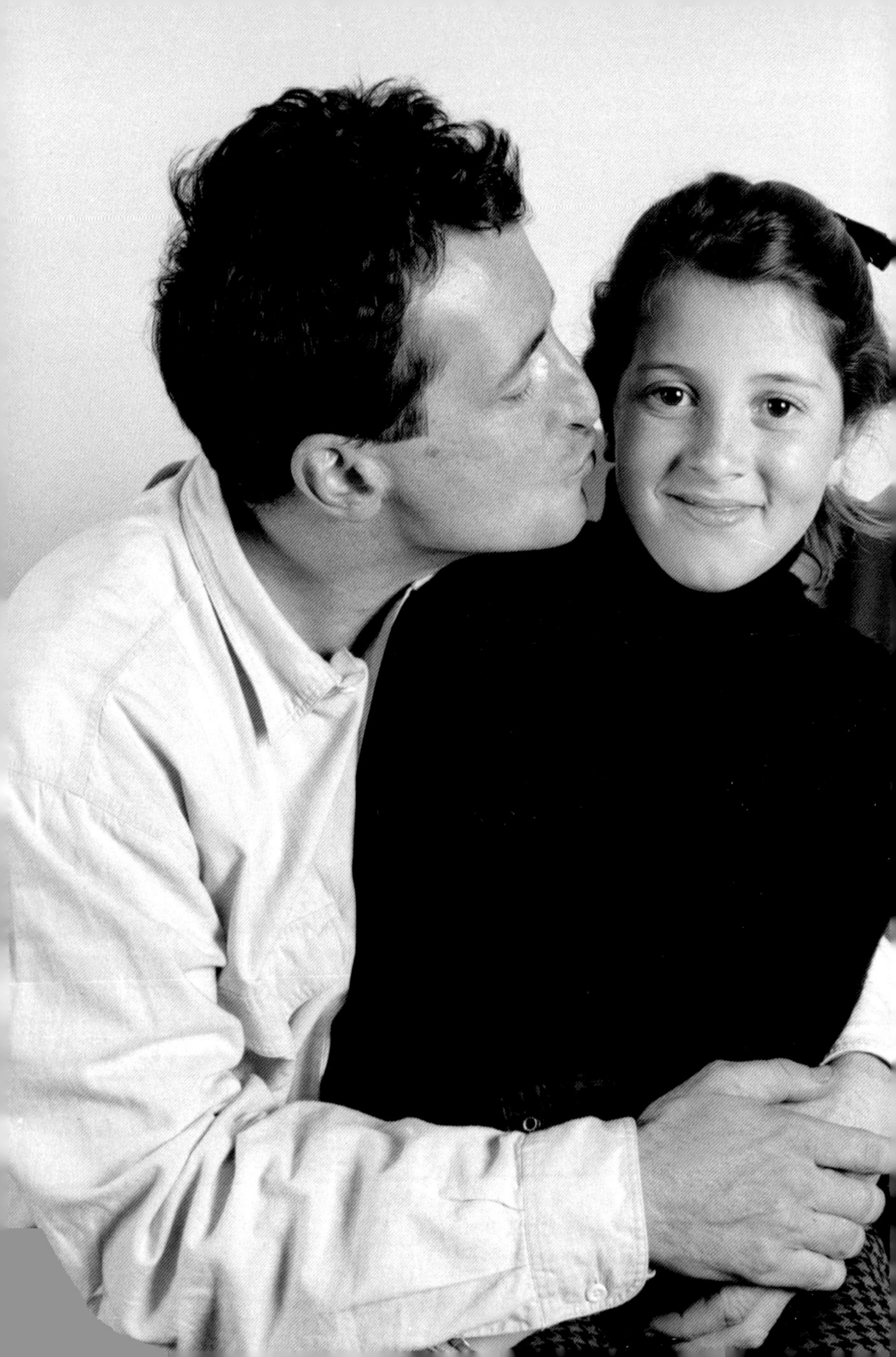

Atín Aya
El cazador de imágenes

María Aya

Atín Aya y su hija María

Una de mis primeras asociaciones con la fotografía de mi padre está ligada a la palabra aventura, una aventura con parafernalia y accesorios similares a lo que mi imaginación entendía como propio del safari africano. Atín, sin embargo, no se ajustaba en absoluto al modelo de viajero intrépido, sino más bien al contrario; era poco amante de largos viajes en cuanto a ocio se refiere. E incluso a la hora de trabajar, viajaba lo justo y preciso, y con objetivos fotográficos definidos, si bien era frecuente que visitara el mismo lugar y a las mismas gentes muchas veces hasta conseguir la fotografía deseada.

Señalaba lo innecesario de trasladarse a mundos exóticos para obtener imágenes de calidad y sospecho que de alguna manera consideraba más honesto fotografiar y trabajar sobre lo que uno conoce, lo que le rodea. A lo largo de su trayectoria, realizó proyectos fotográficos en La Habana, Perú, Marruecos o incluso Rusia, pero su obra versa fundamentalmente sobre la realidad andaluza, sobre su Andalucía particular. No obstante, desde mis adolescentes ojos, fotografiar Andalucía debía consistir en toda una odisea a juzgar por los preparativos de mi padre.

Durante los cuatro años que dedicó al trabajo sobre las marismas del Guadalquivir realizaba regulares incursiones en el territorio, a modo de explorador paciente que peina su zona de interés. El enorme mapa de la marisma que colgaba en la pared frente a su cama iba creciendo mes a mes en anotaciones, *post-it* amarillos, pequeñas fotografías con chinchetas que marcaban e ilustraban enclaves importantes, etc.

Disponía de un todoterreno bien acondicionado para esas incursiones, al que había dotado de un colchón que permitía convertir la amplia parte trasera en cama, y cortinillas de tela negra para proteger el equipo de miradas curiosas, facilitando un buen descanso. Dos o tres trípodes, una bolsa verde militar repleta de objetivos y «cacharros» varios, y un chaleco con incontables bolsillos completaban el ajuar requerido para adentrarse en la árida, o a veces húmeda, marisma...Y gustaba de partir solo.

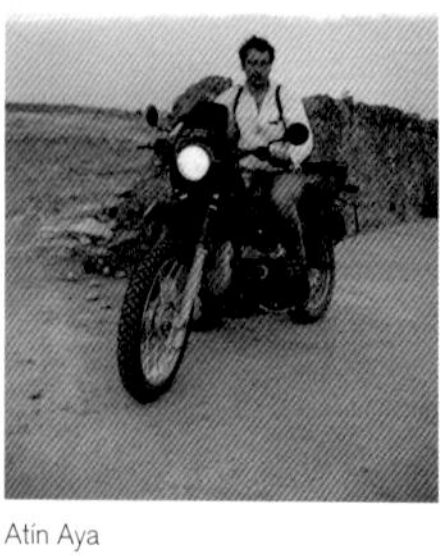

Atín Aya

Nuestros viajes

Durante la época en la que yo estudiaba en la Universidad, en Madrid, mi padre ideó un plan maravilloso para

Lucio de la Esparragosilla. Marismas del Guadalquivir, 1991-1996

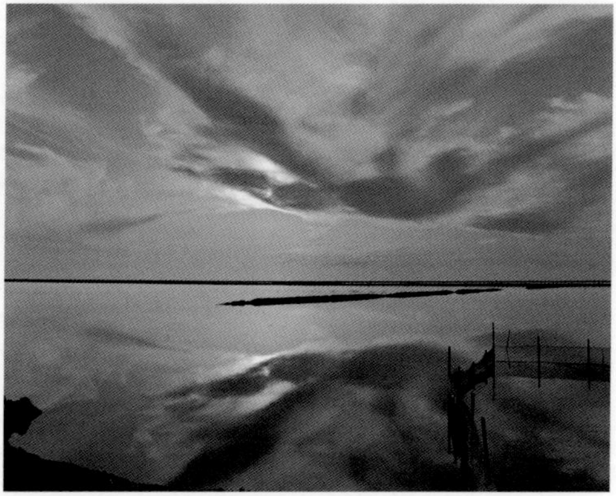

que pasáramos tiempo juntos, un intensivo, solos él, su Leica y yo en un viaje de una semana. El primer destino, en 1998, fue el monumental Egipto. Mientras paseábamos por zocos bulliciosos y yo descubría mi pasión por los mercadillos él me fotografiaba casi a escondidas. Pese a mi timidez e incomodidad habitual frente al objetivo, disfrutaba secretamente de la atención de la cámara. Por aquel entonces ya tenía yo conciencia de la gran calidad de su trabajo y me halagaba sobremanera que, pudiendo hacer fotos memorables de todos aquellos personajes variopintos, paisajes espectaculares y escenas llamativas que nos rodeaban, con todo el exotismo extranjero que yo consideraba entonces fotográficamente irresistible, él decidiese ignorar todo aquello y dedicarse casi en exclusiva a esas fotos «banales» –como cualquier otro turista– en las que era yo la única protagonista. El año siguiente, nuestra semana romántica tuvo un destino europeo y Praga fue la ciudad elegida.

En la primavera del 2000 hicimos nuestro tercer viaje a Nueva York. Allí me regaló mi padre mi primera cámara, una Canon analógica con la que comencé a contrarrestar sus disparos y a tomar alguna que otra instantánea de él. Tenemos pocas fotos juntos de esos viajes, no recuerdo que jamás pidiera a un tercero que nos tomara una fotografía a los dos, aunque tampoco se negaba cuando alguien se ofrecía voluntario. Quizá llegó el momento de enviar unas gracias a esos turistas voluntariosos y neoyorquinos afables.

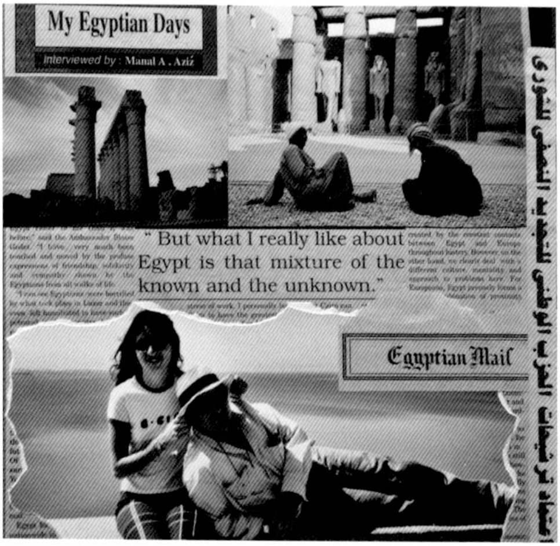

Una de las páginas del álbum de viaje

Los álbumes

Cada año, pasados varios meses del viaje, mi padre me obsequiaba con un grueso álbum con imágenes y recuerdos de esa semana. Encargaba los álbumes y fundas artesanales a medida y luego construía sorprendentes *collages* utilizando fotografías en b/n y color, impresas en distintos tamaños; fotocopias de fotografías en b/n; fotocopias de fotografías en b/n y coloreadas a mano; recortes de periódicos locales, recuerdos en papel que había acumulado durante los viajes (billetes de avión, metro, entradas de museos, espectáculos, tickets de bares, billetes de moneda extranjera, mi nombre escrito en árabe...). Cada página de esos álbumes es en sí misma una obra completa y una lección maestra de composición. Cada página esconde, tras ese visillo de papel que protege y añade misterio, una ventana, una invitación al pasado, a un dominó de recuerdos llenos de guiños y complicidad.

Los álbumes de viaje me descubrieron otro ángulo en la relación de mi padre con la imagen: el disfrute y placer que encontraba en la interacción con y la comunicación a través del medio fotográfico. Y, en este trabajo tan personal, se aprecia claramente el mimo especial que aplicaba en la edición de fotografías así como la importancia de la estética y armonía. Son imágenes que aciertan, que al rozarse las unas con las otras, al ponerlas una al lado de otra, funcionan, y el relato cobra fuerza, se convierte en un puzzle maravilloso que encaja desvelando como recompensa su mirada.

El disparo del cazador tranquilo

El impulso creativo de Atín se despliega al máximo, sin embargo, en la caza paciente y en la construcción/composición de la instantánea. Si los fotógrafos se dividieran en «fotógrafos de la toma» y «fotógrafos del revelado», mi padre pertenecería sin duda al primer grupo. Ello no quiere decir que descuidase la edición ni mucho menos el revelado, de hecho dominaba con destreza y pulcritud la técnica y revelaba personalmente gran parte de sus fotografías en un pequeño laboratorio que compartía espacio con un cuarto de baño.

Pero hay algo de especial a la hora de acercarse al sujeto / objeto fotografiado. Su fotografía conjuga la tradición fotográfica *bressoniana* del «momento decisivo» con la tradición pictórica clásica, de la que se nutre y adquiere el cuidado detallista en la composición y la sabia utilización de todos los elementos en la escena, y muy especialmente en relación con el uso de la luz (natural). Uno de los aciertos de mi padre ha sido su gestión del tiempo; su fotografía está llena de pausas a la hora de mirar y a la hora de disparar, y eso le permitió producir y crear desde la honestidad. Su trabajo de creación, el más personal, no es fruto de prisas, ni estaba sometido a plazos de entregas.

Sus retratos

Ligado a la gestión del tiempo y acercamiento al disparo se encuentra otro pilar importante en la obra de mi padre: el retrato. Los retratos de Atín son imágenes hieráticas que sin embargo hablan de un movimiento y acercamiento profundo entre el retratado y el fotógrafo. Personajes insólitos, miradas hipnóticas, vidas enteras asoman tras el mirar de una fracción de segundo...

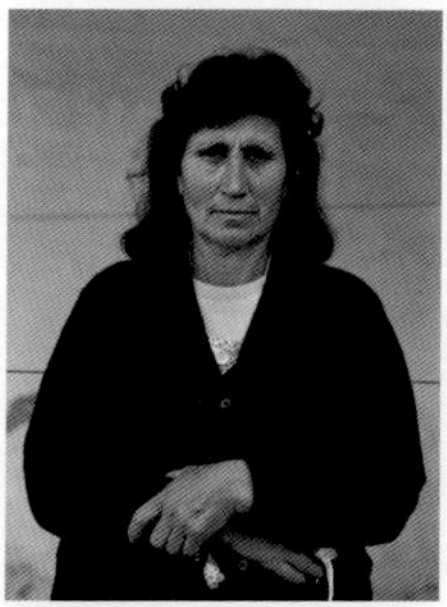
Dolores Jiménez Díaz en el cortijo La Compañía. Marismas del Guadalquivir, 1991-1996

Precisamente, durante algo más que una fracción de segundo se contuvo mi respiración ante las fotografías de gran formato que se expusieron en la Diputación de Sevilla en 1997, «Las Marismas del Guadalquivir». Fue mi primera reacción. Y desde aquel momento, mi percepción de la ocupación de mi padre cambió por completo. Comprendí que no solo se trataba de su trabajo, sino que «eso» que él hacía era algo importante, algo valioso y poco común, algo que, en definitiva, al margen de mi relación con él, a mí me interesaba, y mucho.

Tradición vs. modernidad

Mi padre se quedó a las puertas del digital. Como persona curiosa que era, se interesó por las nuevas tecnologías: compró una cámara digital pero terminó relegándola para fotografías de familia, viajes personales o trabajos «menores»; aprendió a utilizar Photoshop y sin embargo se reafirmó rápidamente en el analógico y volvió a sus cubetas blancas y rojas llenas de líquidos reveladores.

El gusto por lo clásico y austero es otra constante importante al hablar de mi padre; fue relevante en su vida y es asimismo evidente en su fotografía. Y de ahí quizá también su desaprobación por la excesiva manipulación postdisparo que durante sus últimos años comenzaba a popularizarse en el medio, de mano de la fotografía digital. Sonreía hacia sus adentros con paciencia y resignación cuando, invariablemente, alguien –habitualmente una mujer coqueta– le solicitaba que la sacara favorecida en un retrato. Él solía contestar, con tranquilidad y sin ánimo de ofender a nadie, que solo podía reflejar lo que existía, como si la cámara hiciese su trabajo y poco pudiese interferir él en dicha labor. Su respuesta era una salida rápida y eficaz, comprensible para todos los públicos, y que dejaba poco espacio para la protesta. Sin embargo, este discurso no respondía al olvido de los recursos a su alcance para lograr un retrato «favorecido» y sí a la coherencia con su forma de retratar; buscando solo eso «que existía», desde su singular mirada.

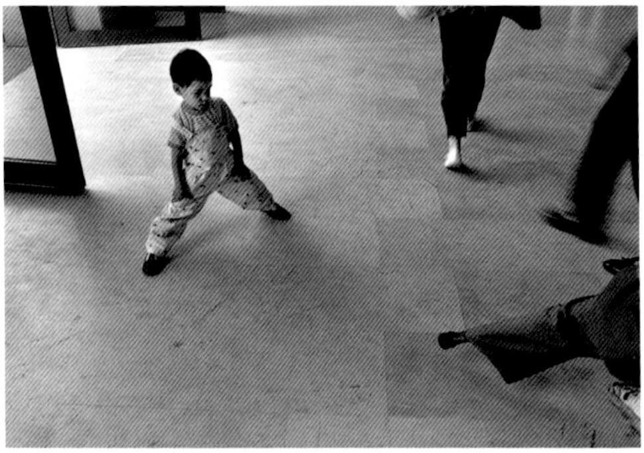

Sala de espera. Estación de Cádiz, Sevilla, 1990

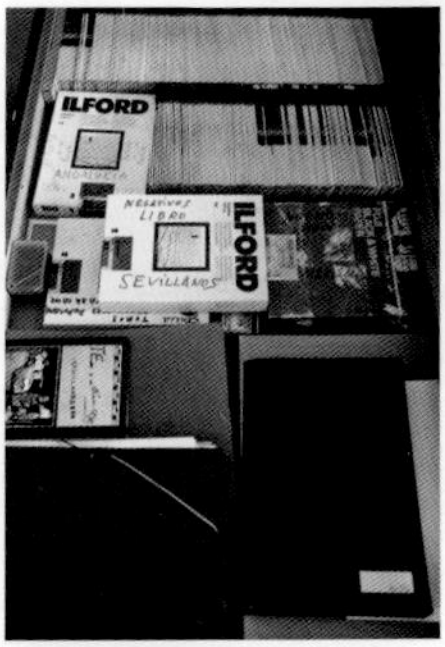

Archivo de Atín Aya

Ese afán de acceder a la belleza de lo profundo y auténtico se traduce en una forma sencilla y a la vez muy precisa de trabajar, y finalmente en unos resultados concretos: imágenes y retratos de crudeza singular que apuntan a historias que creíamos olvidadas, sin evitar, en muchos casos, o incluso permitiendo al espectador, disfrutar de los surcos de la edad.

El archivo

Esa primera experiencia de contacto más cercano con su obra, a los 20 años, cuando aterricé quién sabe de dónde y me topé con la exposición de «Las Marismas del Guadalquivir», se completa de forma mucho más directa cuando a los 30 años comienzo a explorar su archivo fotográfico. Las primeras incursiones en el gran planero y muebles anexos –que aún hoy contienen el grueso de los negativos, copias en papel, diapositivas, pruebas, contactos– me descubren un archivo con un orden muy personal, un sencillo pero eficaz sistema de fichas de cartulina y referencias cruzadas, con entradas tanto por temática como por número de negativo o diapositiva.

El archivo es para mí un tesoro. Puedo pasar meses sin visitarlo, pero luego, en algún momento, surge la necesidad de inventariar, de localizar alguna imagen, de conservar un bloque de diapositivas, de ordenar o editar algún trabajo. O bien simplemente surgen las ganas de hurgar y darme el gusto de convertirme por un rato en esa hija «cotilla» que observa la vida de su padre a través de sus fotos. Historias que se abren ante mis ojos, y se cierran al mismo tiempo bajo la apariencia de pequeños misterios, que pertenecen exclusivamente a la mirada del que dispara.

El disparo es caprichoso, y siempre esconde algo, muchas veces esa mirada me salpica, me pellizca, y me doy cuenta de que no es otro que él, el que me enseña, con el que aprendo. De entre esos vagabundeos, el «paseo» por los contactos es mi preferido, algo único. En ellos se pueden ver los «antes» y los «después» de sus imágenes, su forma de acertar, y también su forma de errar... su forma de buscar. Y tengo la suerte de haber podido acceder a ellas, y a unas fotos que pocos ven, a un mundo lleno de imágenes y momentos que me aproximan a él, me muestran lo que presenció, lo que miró y lo que eligió.

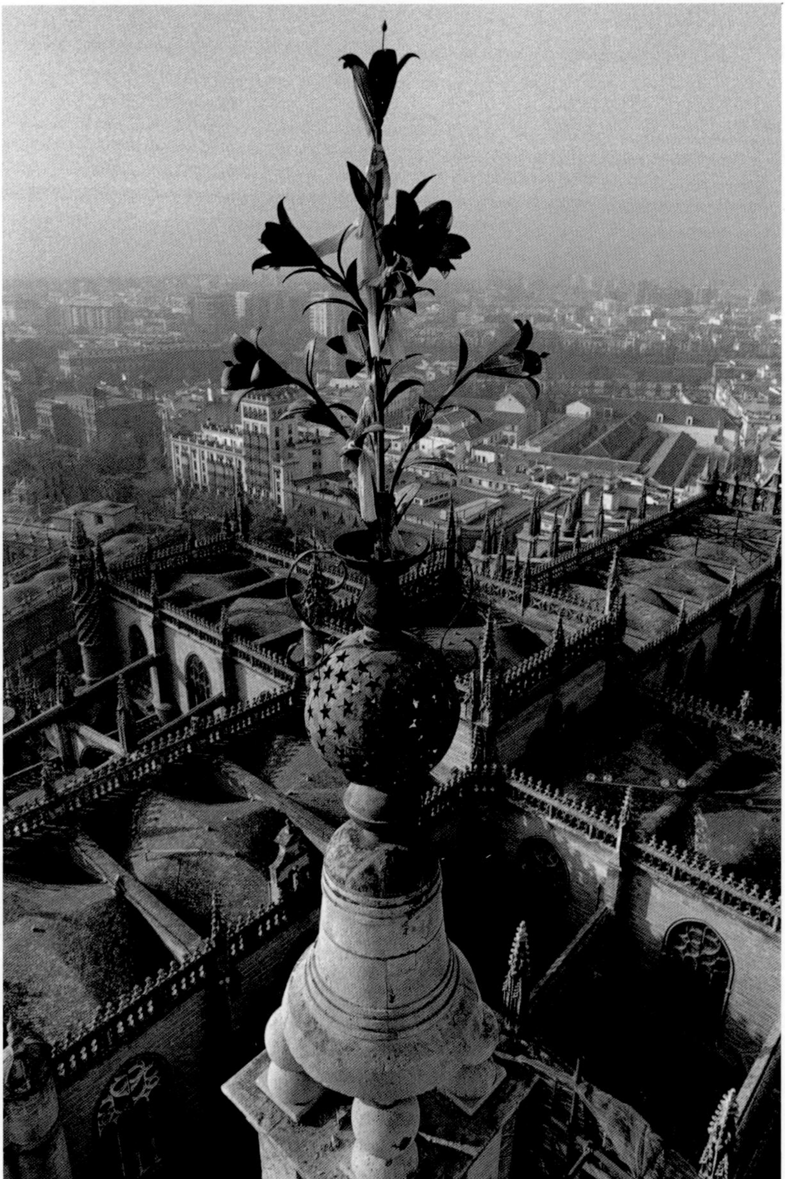

01. Vista de las cubiertas de la Catedral desde la Giralda. Sevilla, ca. 1983

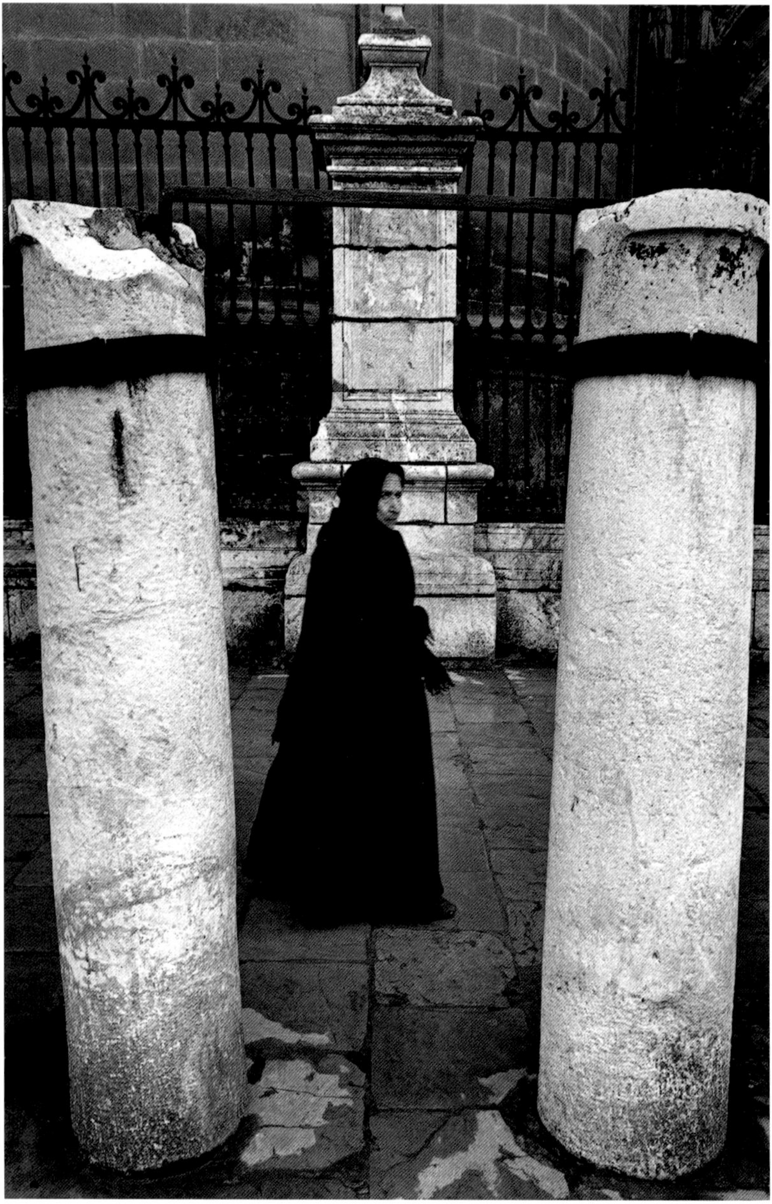

02. Gradas de la Catedral. Sevilla, 1985

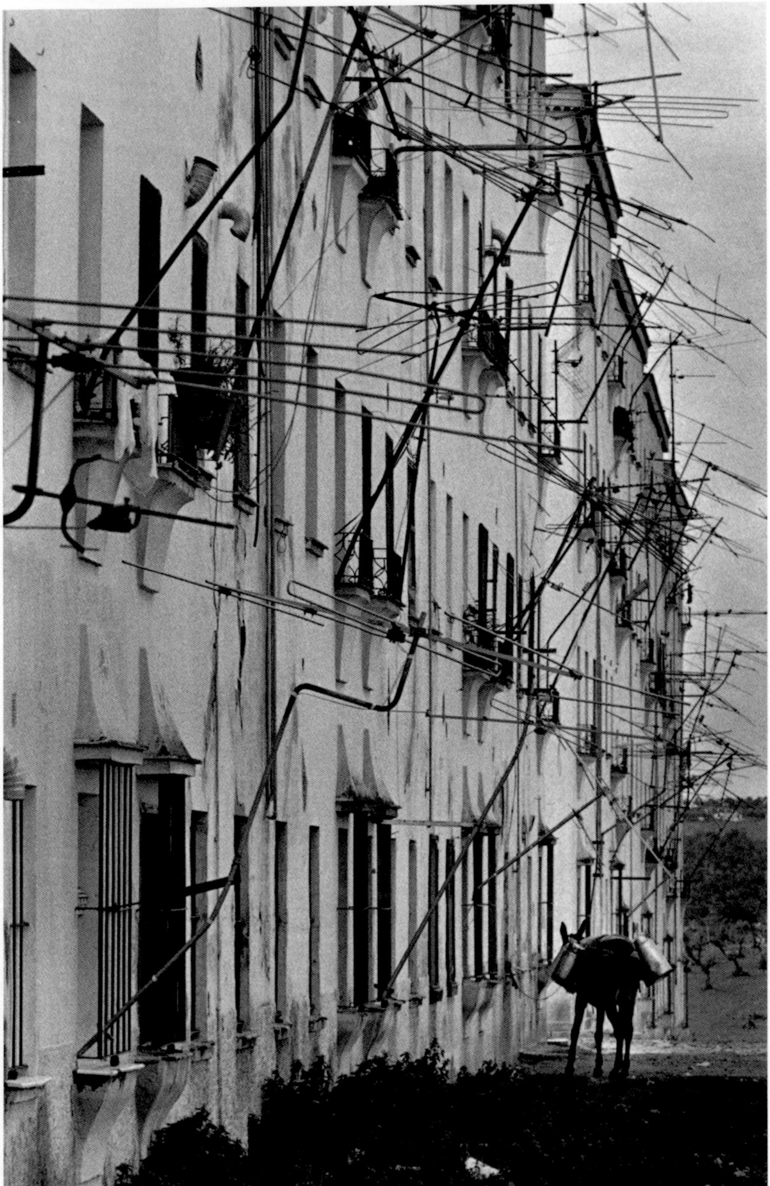

03. San Juan de Aznalfarache. Sevilla, 1982

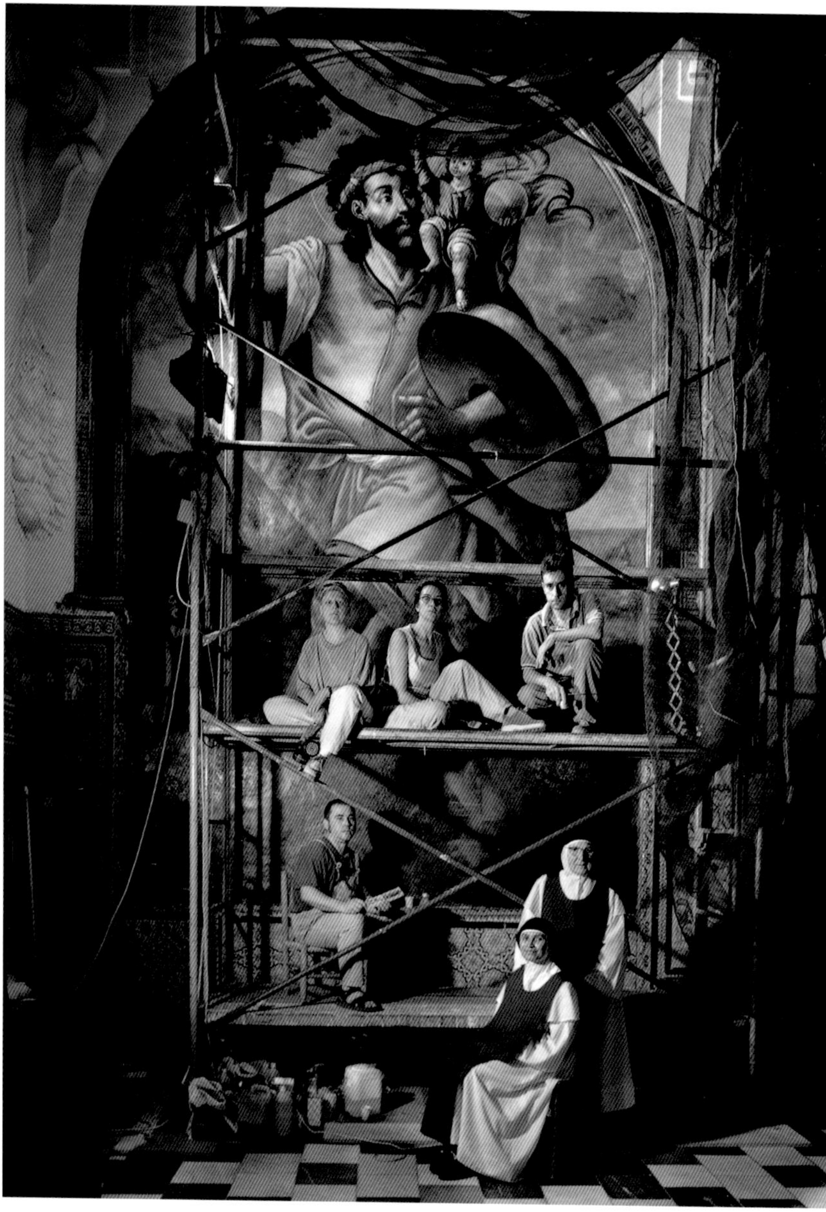

04. Retablo de la capilla de San Cristóbal. Iglesia del Convento de Santa Paula, Sevilla, 2005

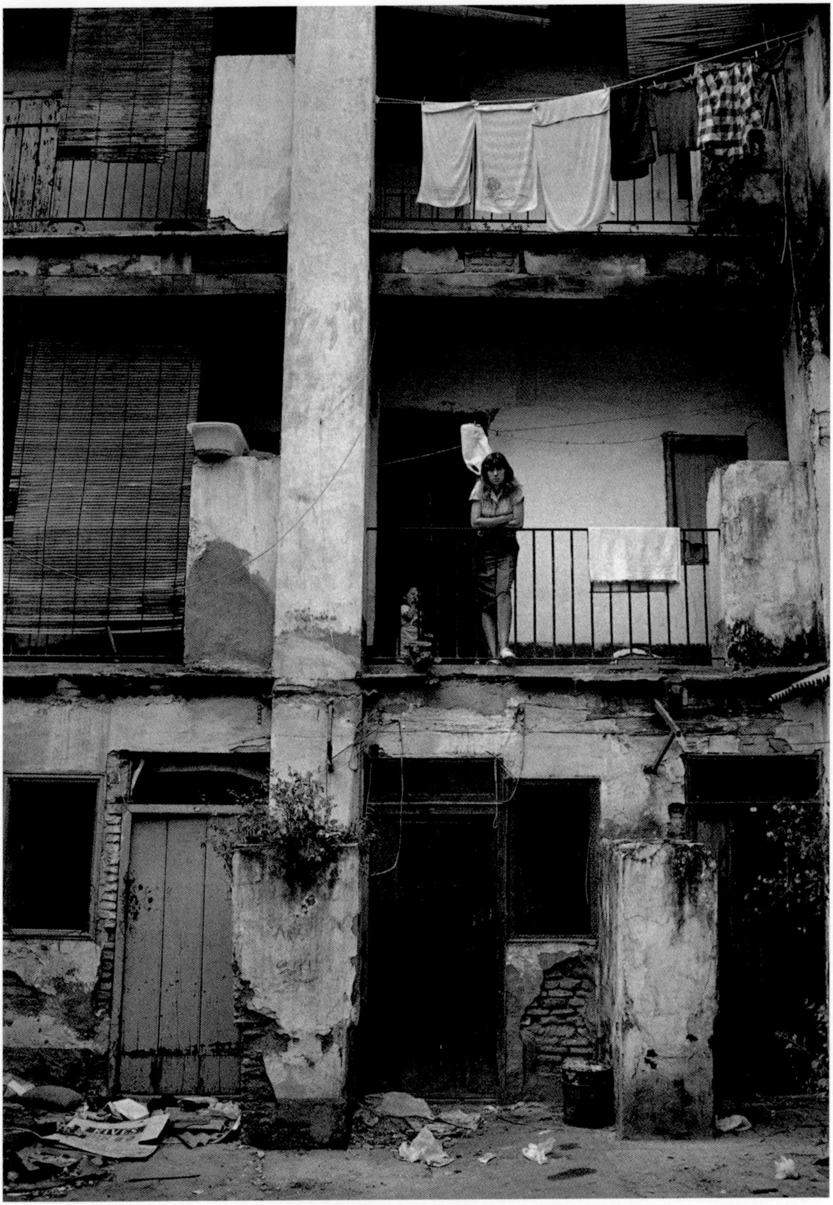

05. Casa de vecinos en las cercanías de la Alameda de Hércules. Sevilla, 1986

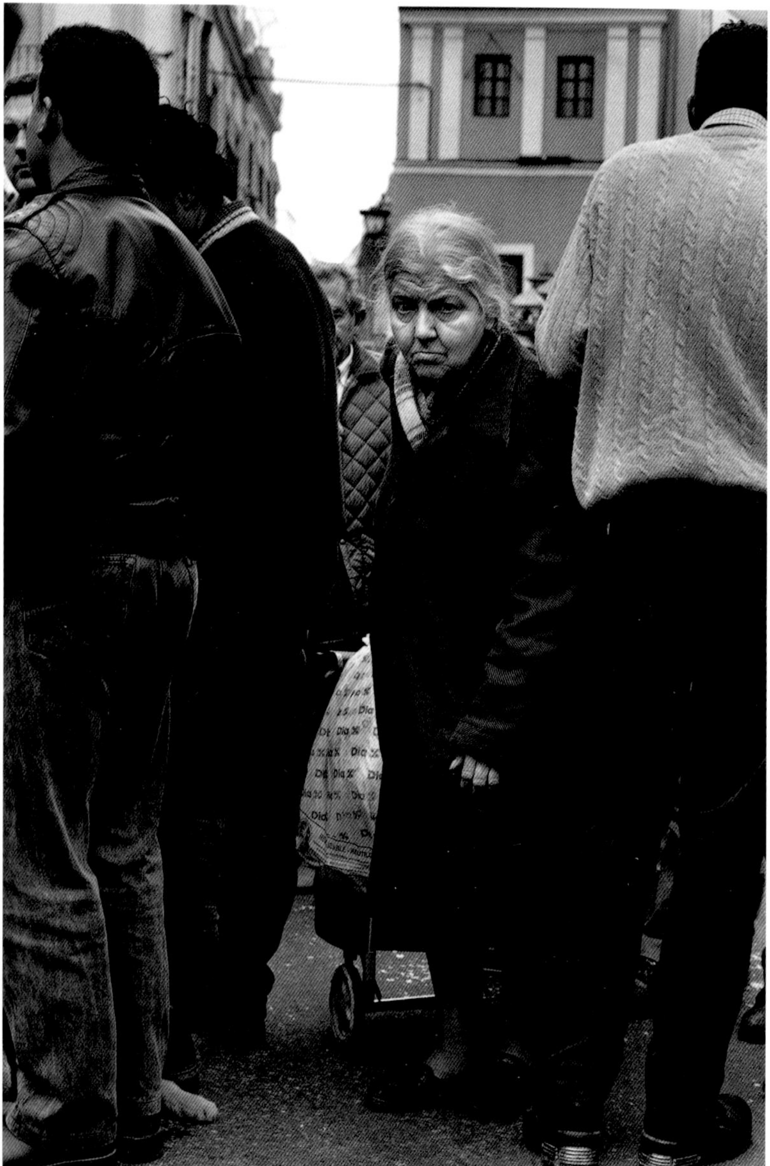

06. Mercadillo en la plaza de la Alfalfa. Sevilla, 2000

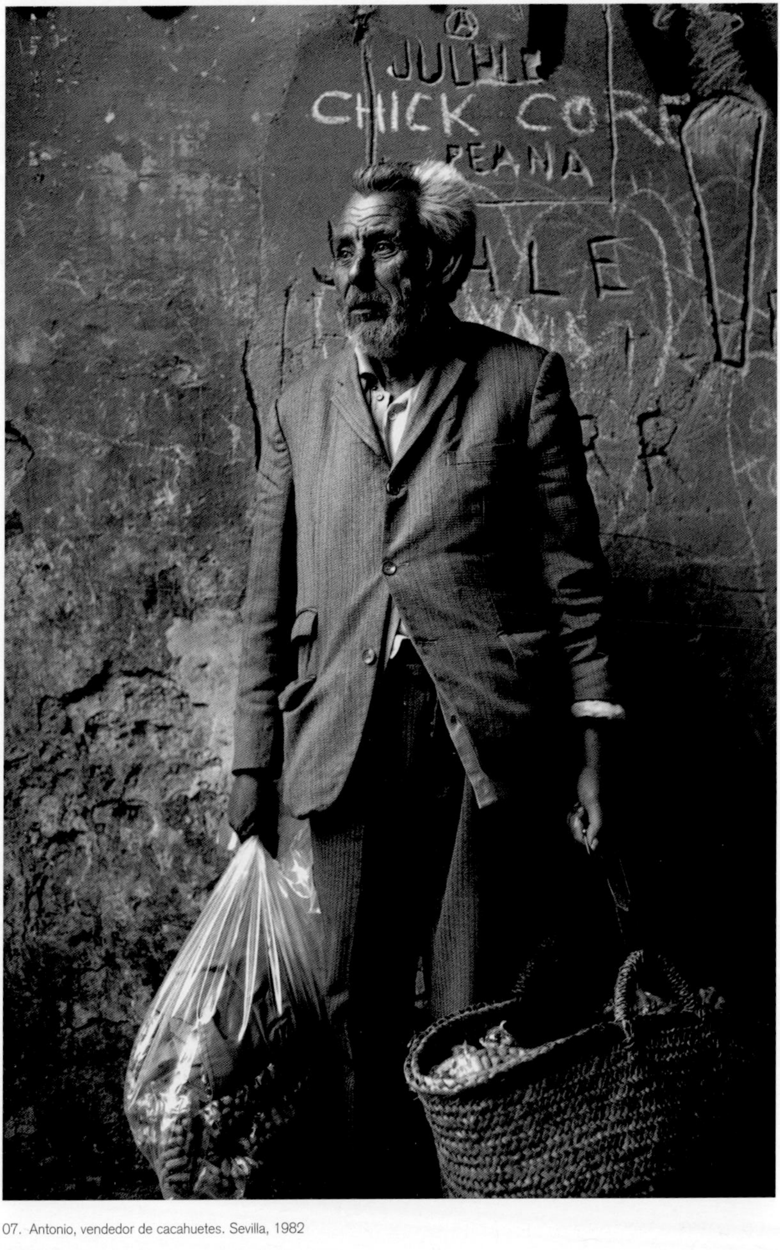

07. Antonio, vendedor de cacahuetes. Sevilla, 1982

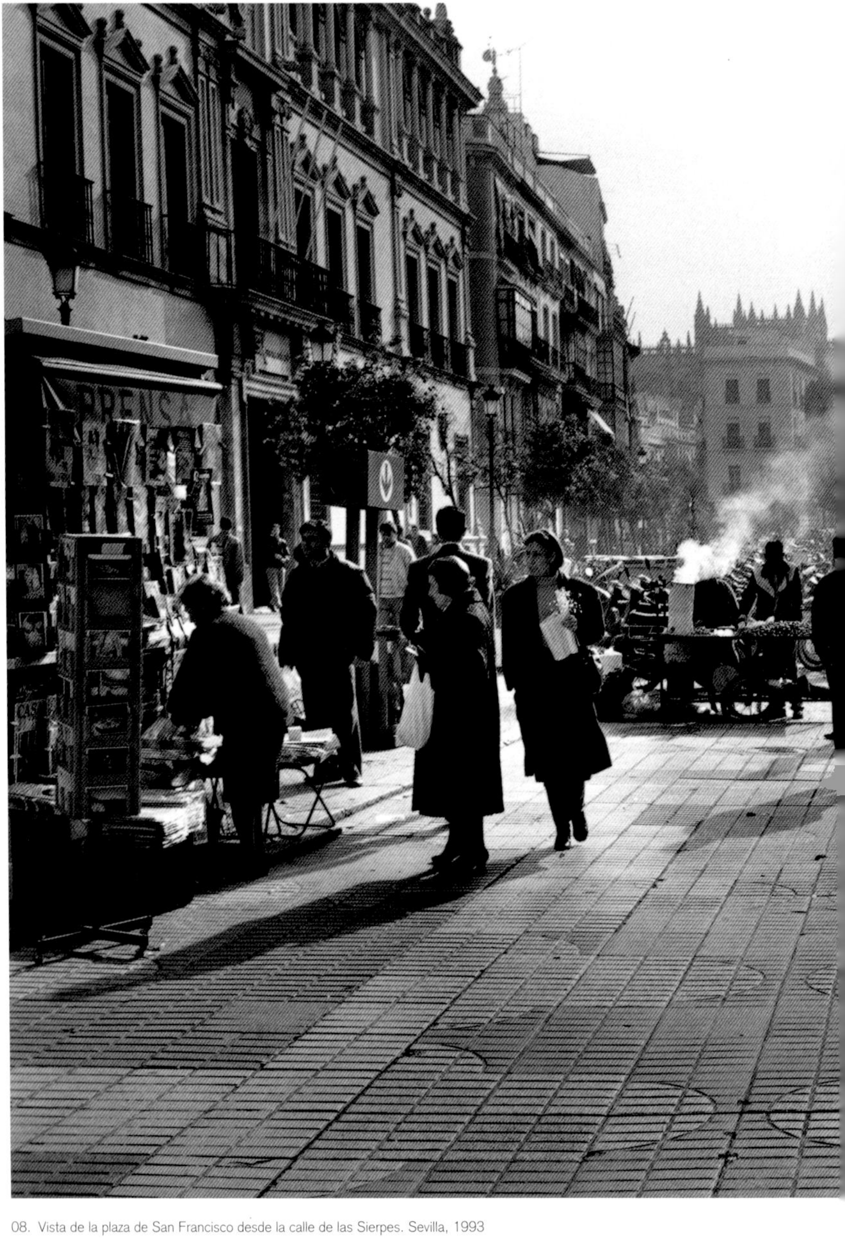

08. Vista de la plaza de San Francisco desde la calle de las Sierpes. Sevilla, 1993

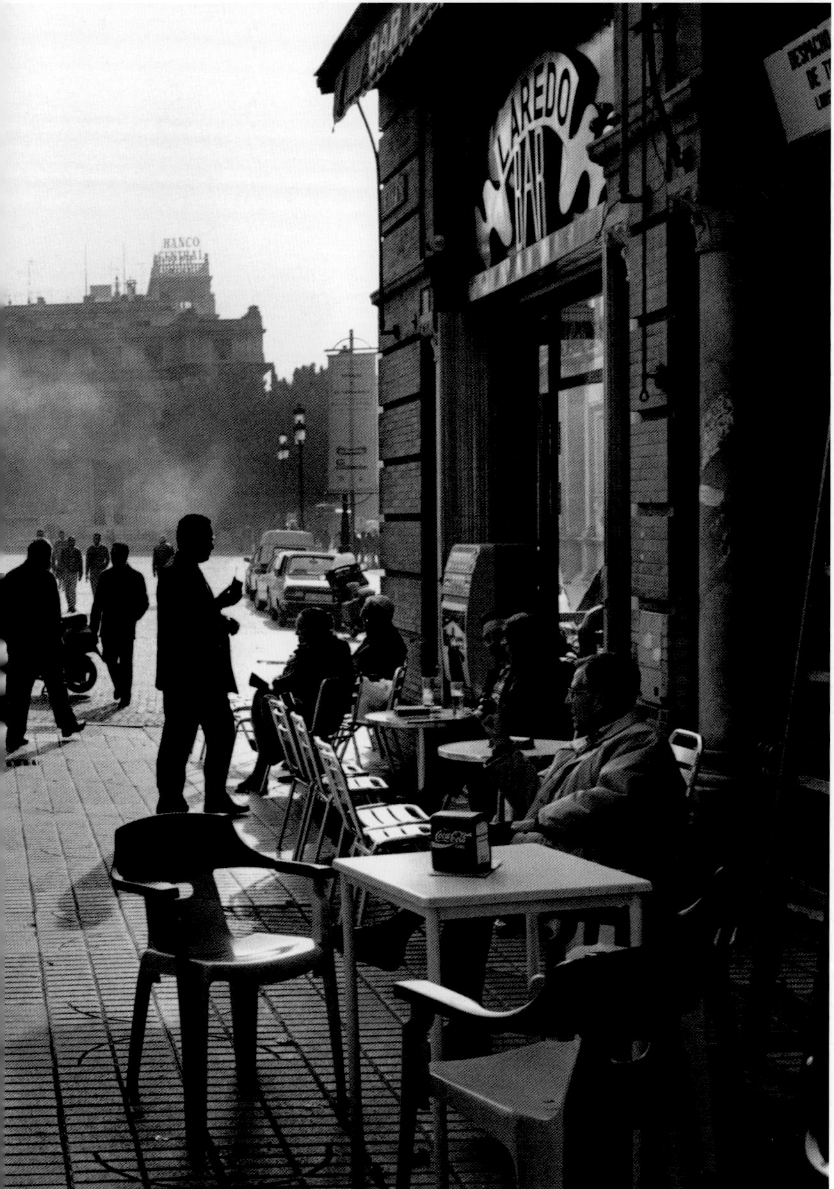
BANCO
CENTRAL
LAREDO
BAR
Coca-Cola

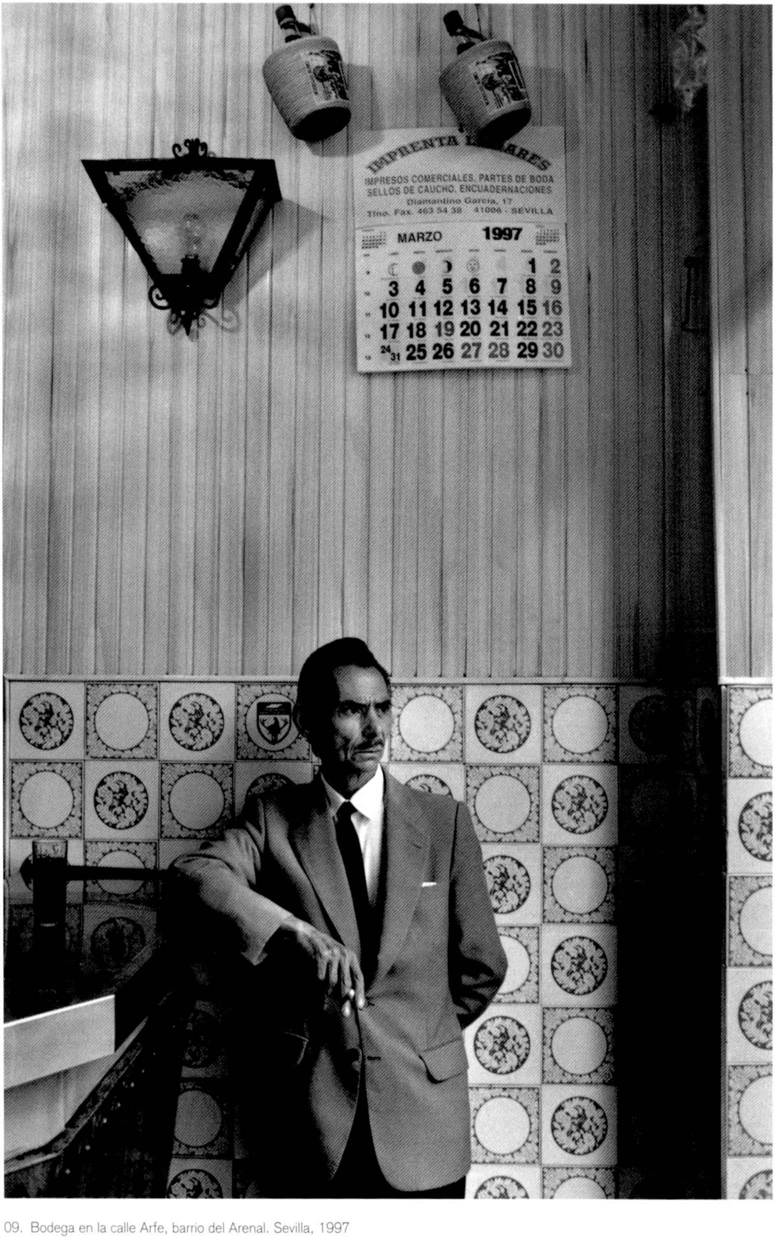

09. Bodega en la calle Arfe, barrio del Arenal. Sevilla, 1997

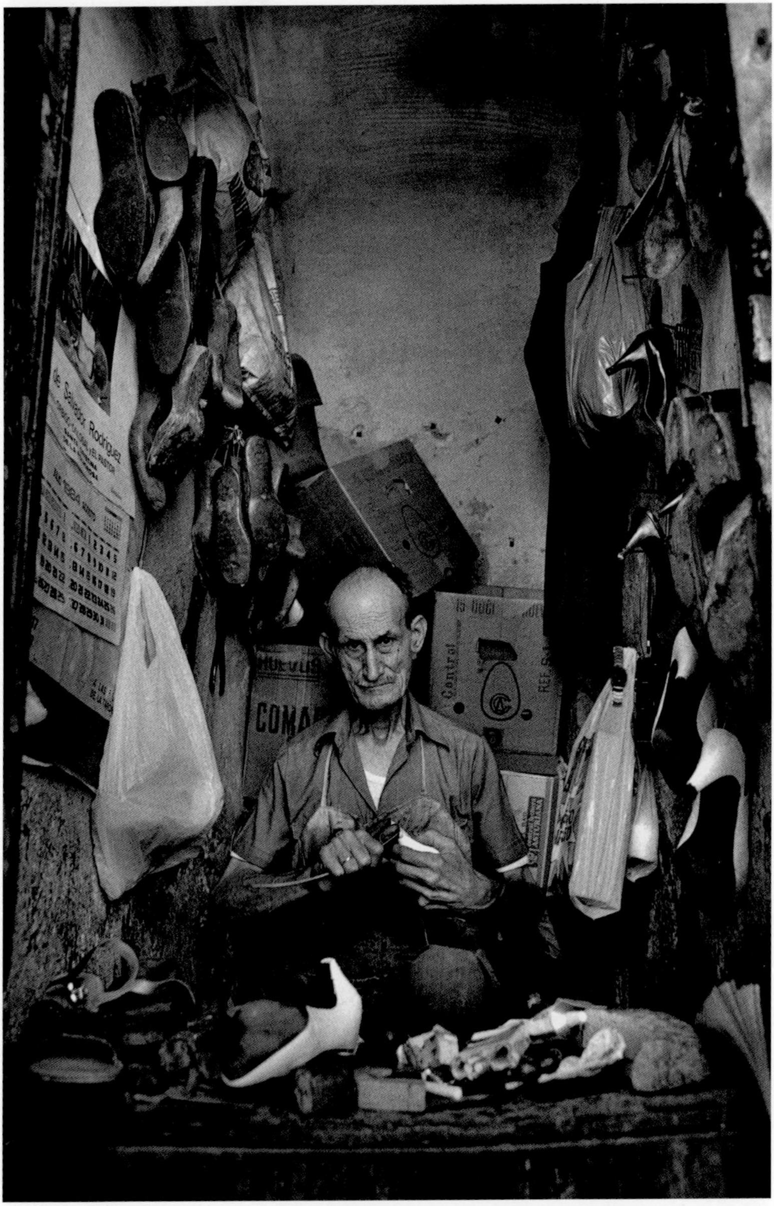

10. Evaristo, zapatero en su taller de la calle Galera. Sevilla, 1984

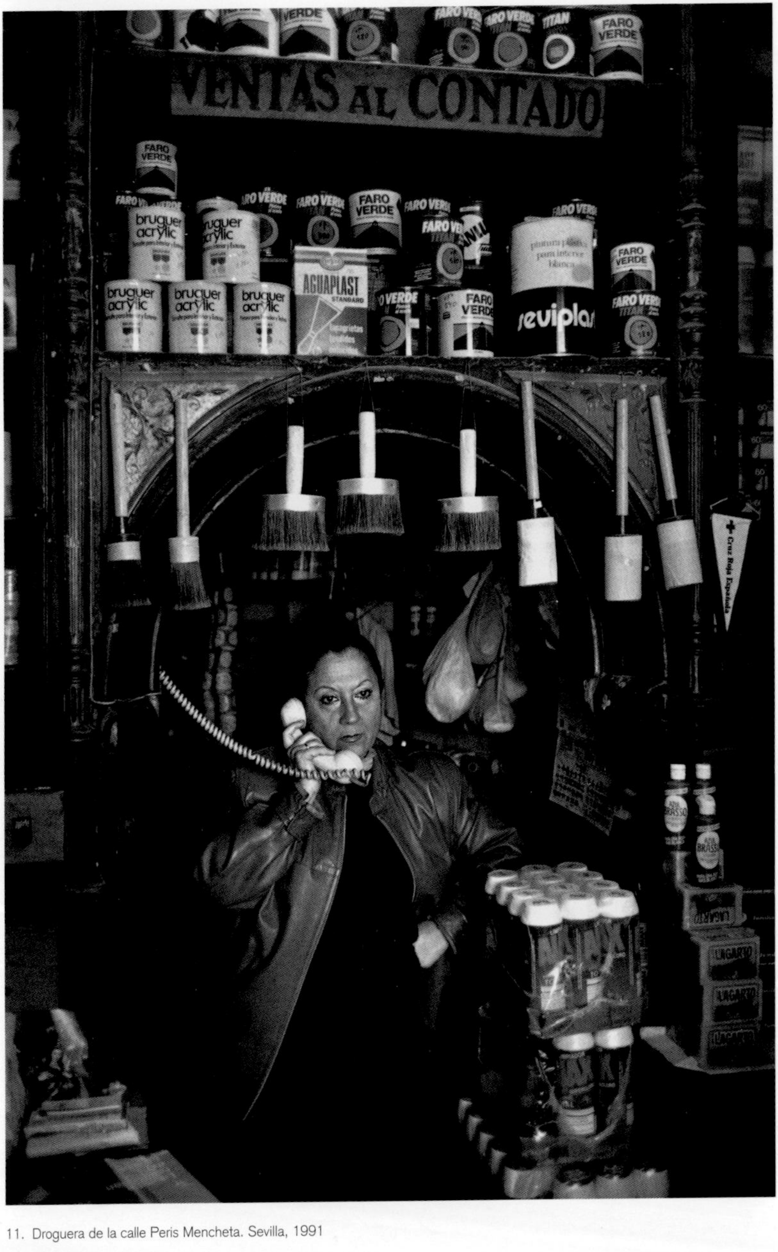

11. Droguera de la calle Peris Mencheta. Sevilla, 1991

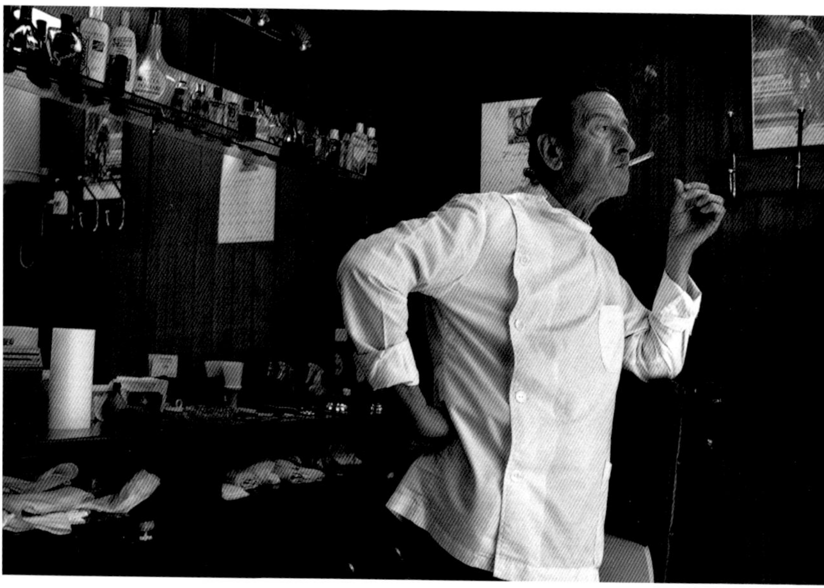

12. Paco, el peluquero de la calle Santa María la Blanca. Sevilla, 2000

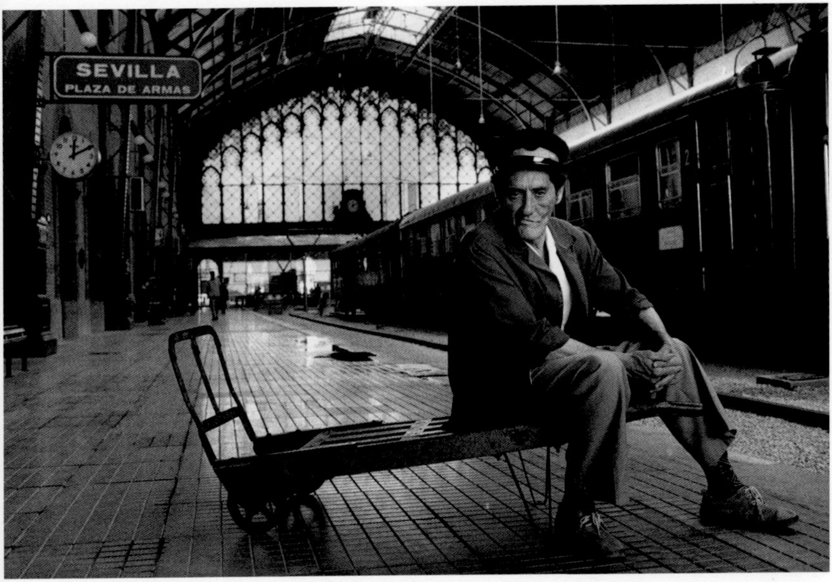

13. Mozo de la Estación de Plaza de Armas. Sevilla, 1982

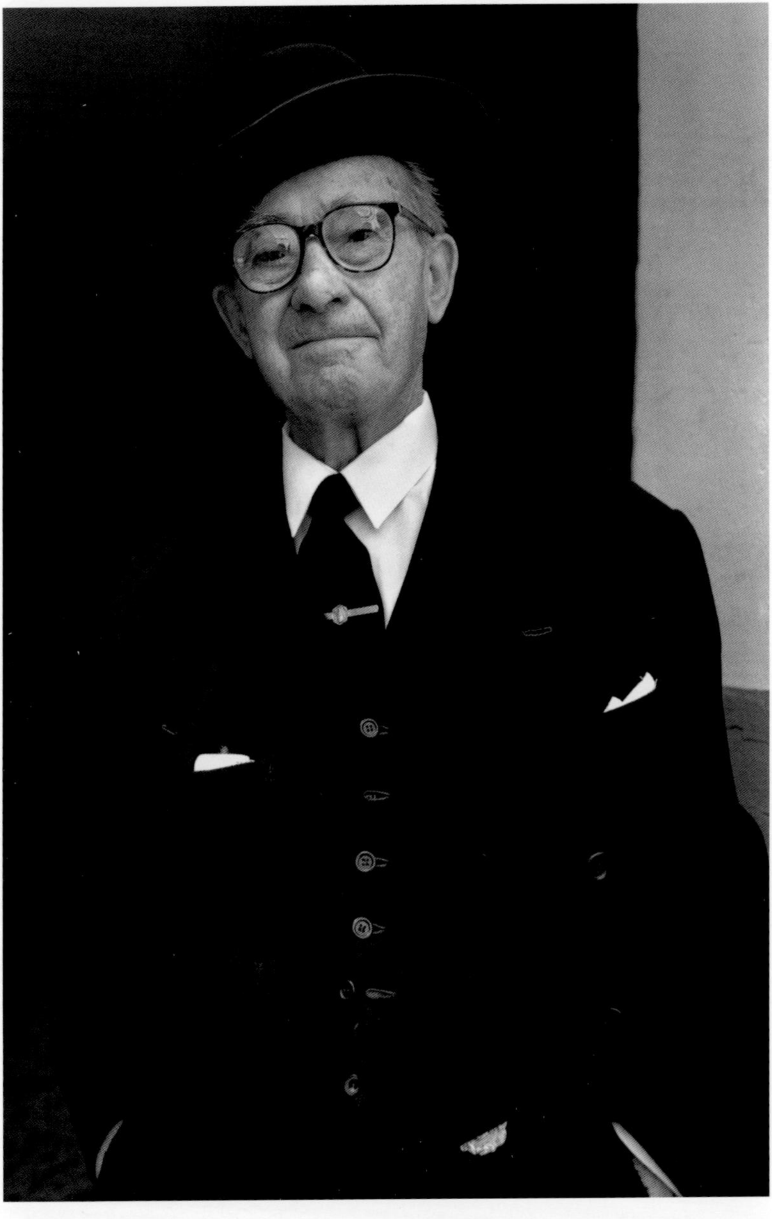

14. Manuel Peña, alcalde de la cuadra de caballos de la plaza de toros. Sevilla, 1995

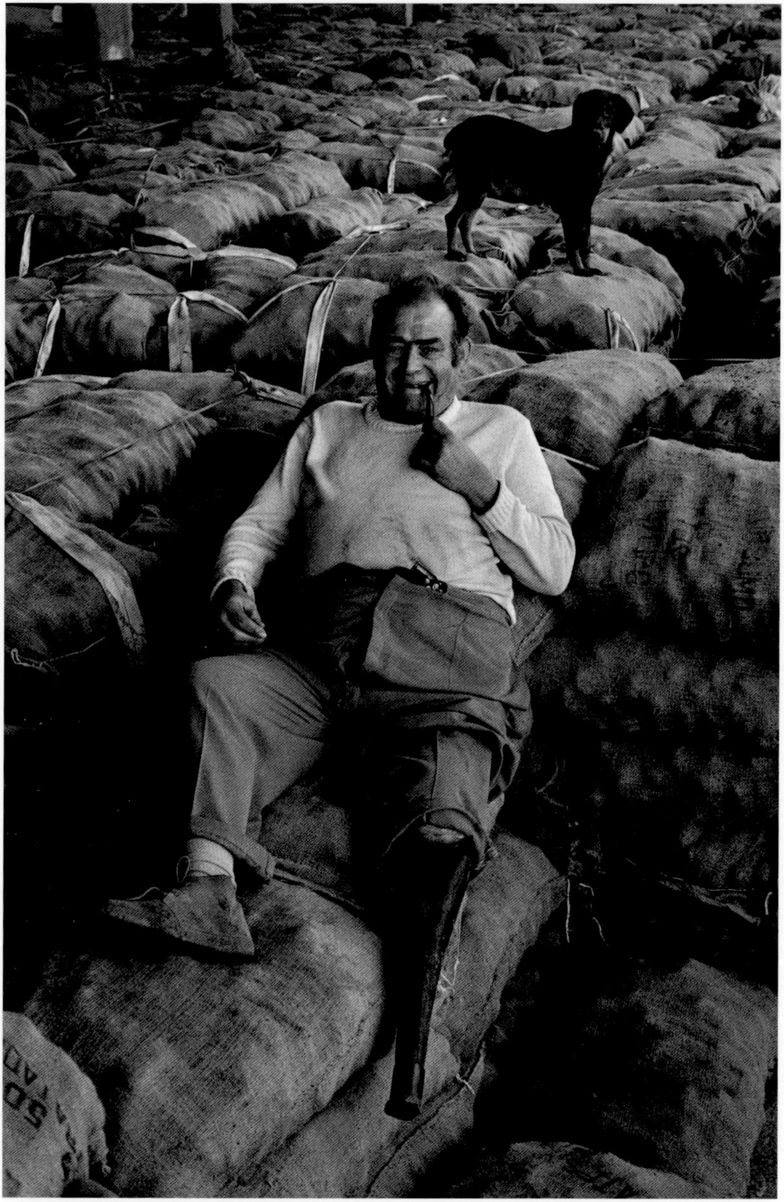

15. Vigilante de las naves del puerto. Sevilla, 1982

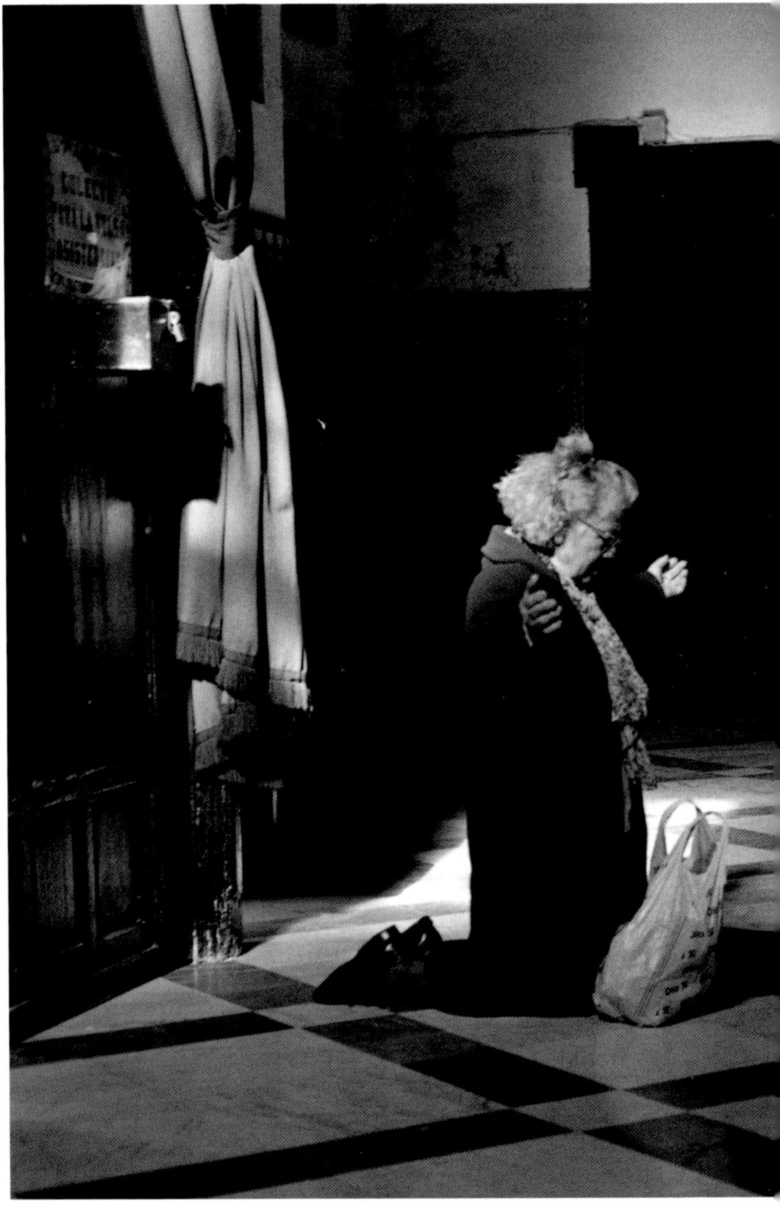

16. Rezo en la Iglesia de San Juan de la Palma. Sevilla, 2000

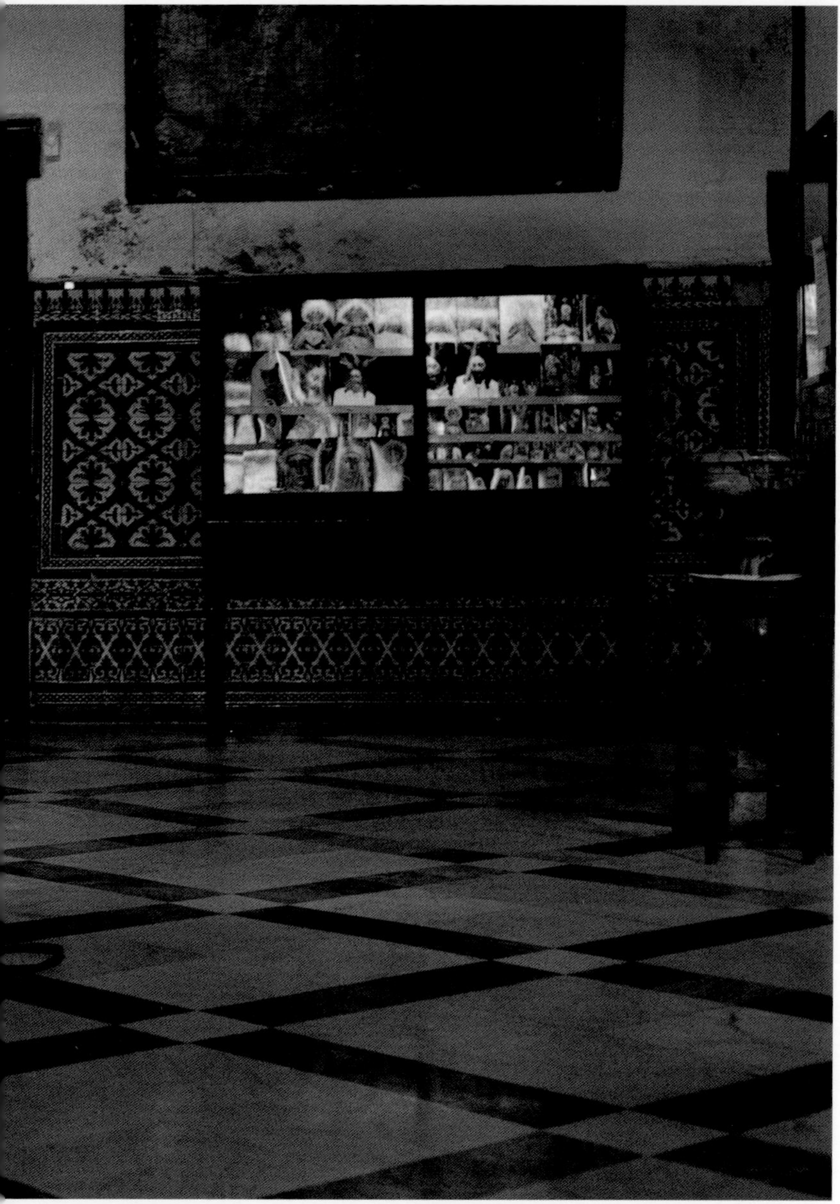

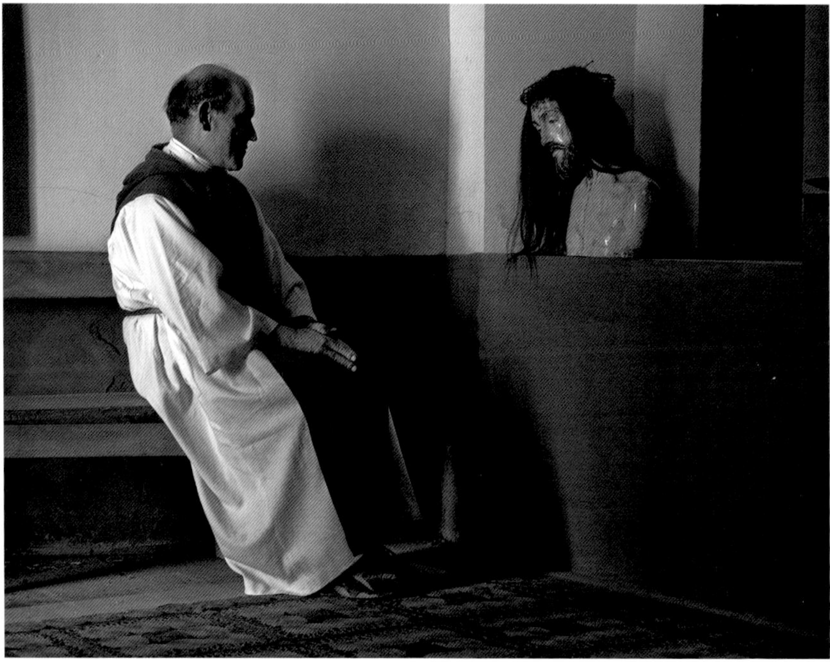

17. Escultor imaginero en su taller del barrio de Triana. Sevilla, 1991

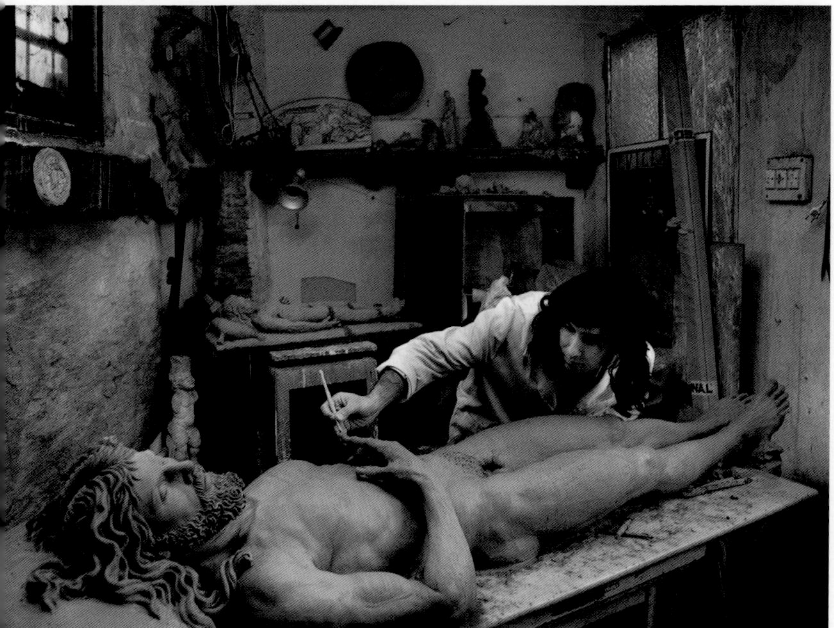

8. Padre Antonio. Cortijo Monasterio, Cazorla de la Sierra, Jaén, 2001

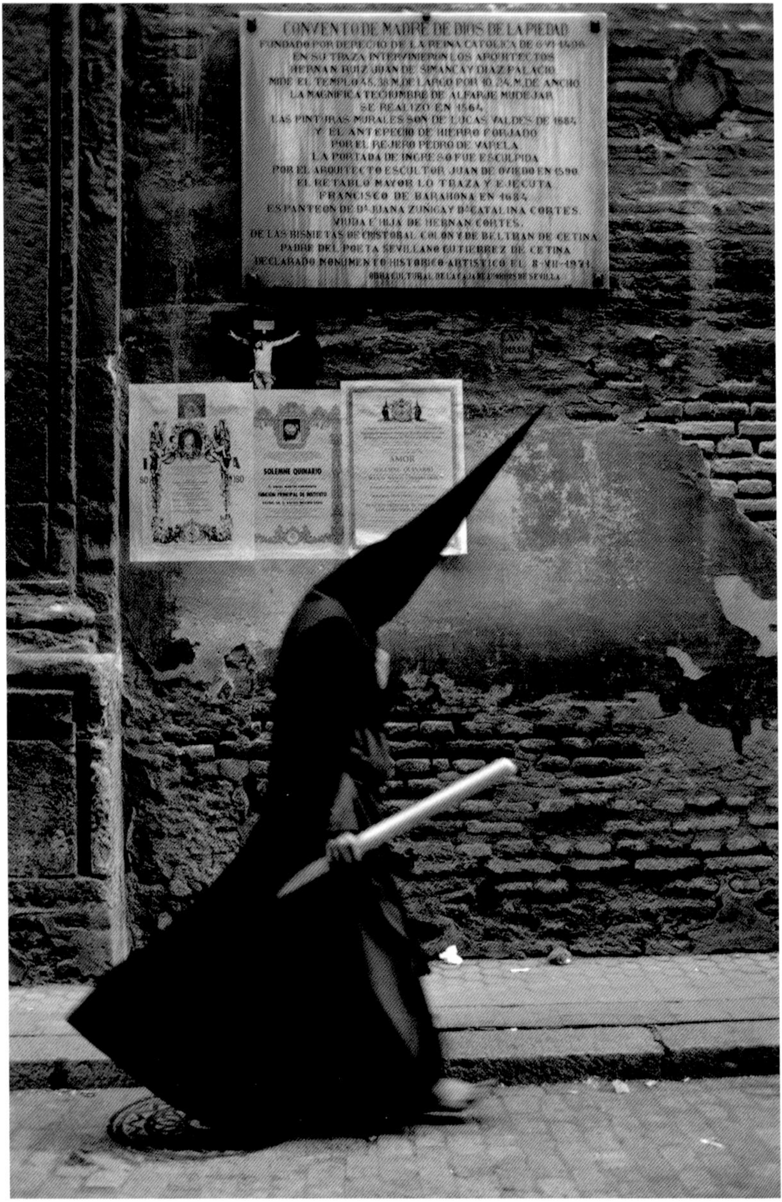

19. Nazareno con cirio por la calle Santa María la Blanca. Sevilla, 1991

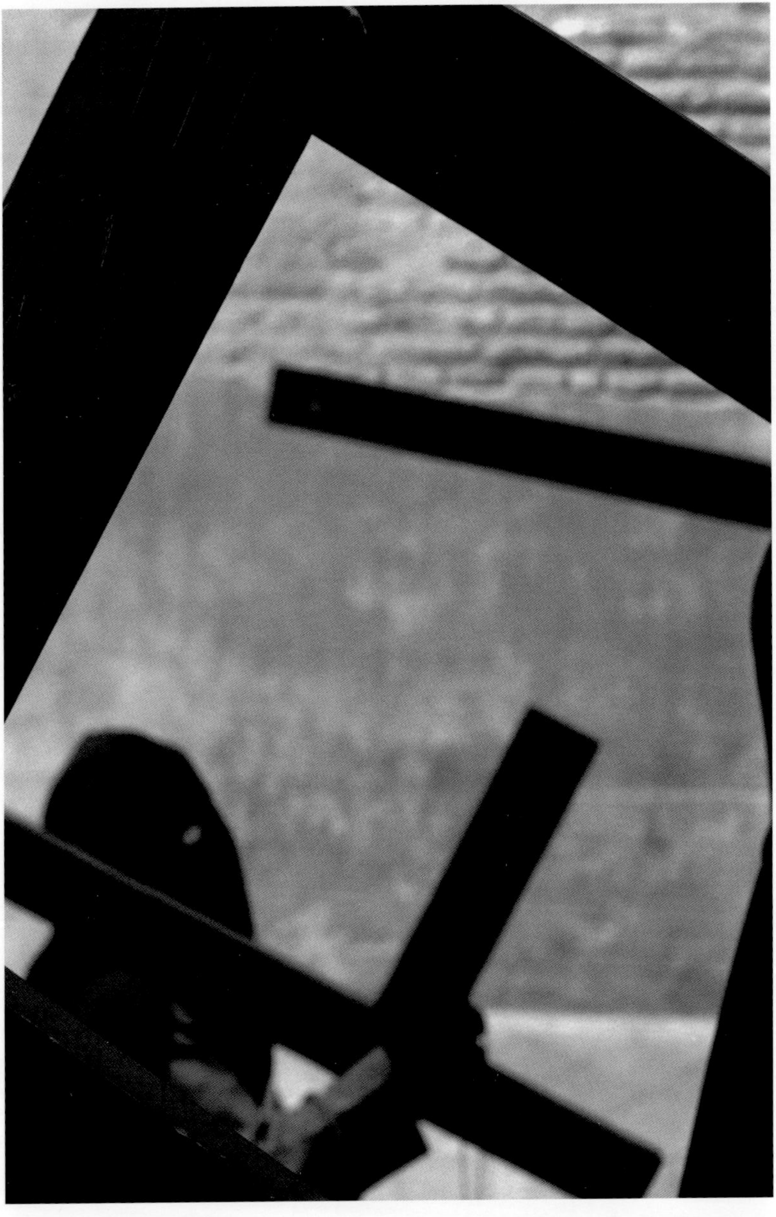

20. Cruces y penitentes. Sevilla, 1992

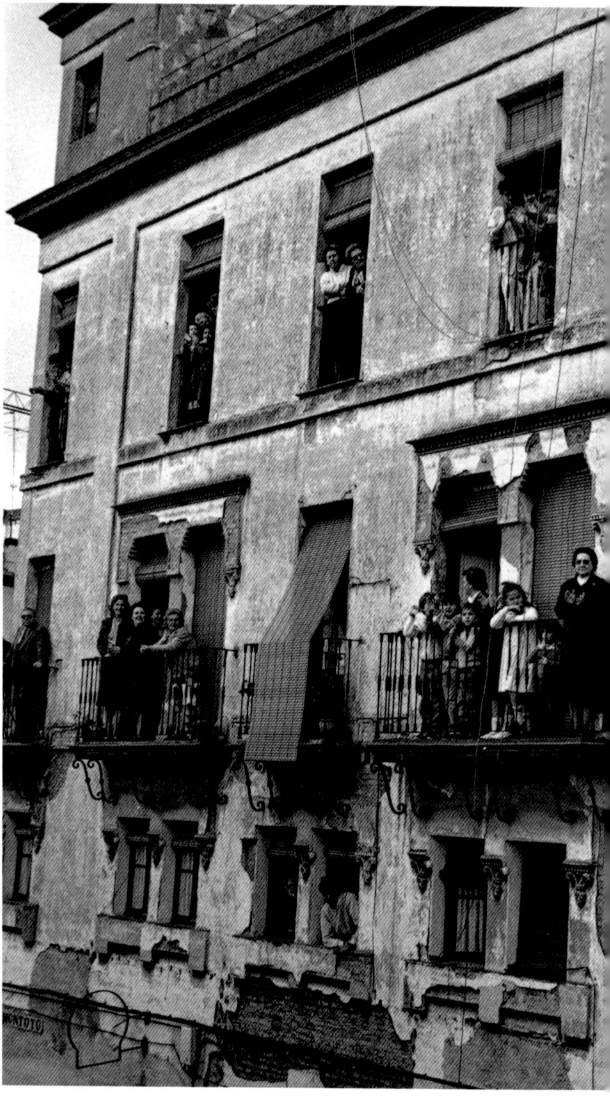

21. Semana Santa, barrio de San Bernardo. Sevilla, 1986

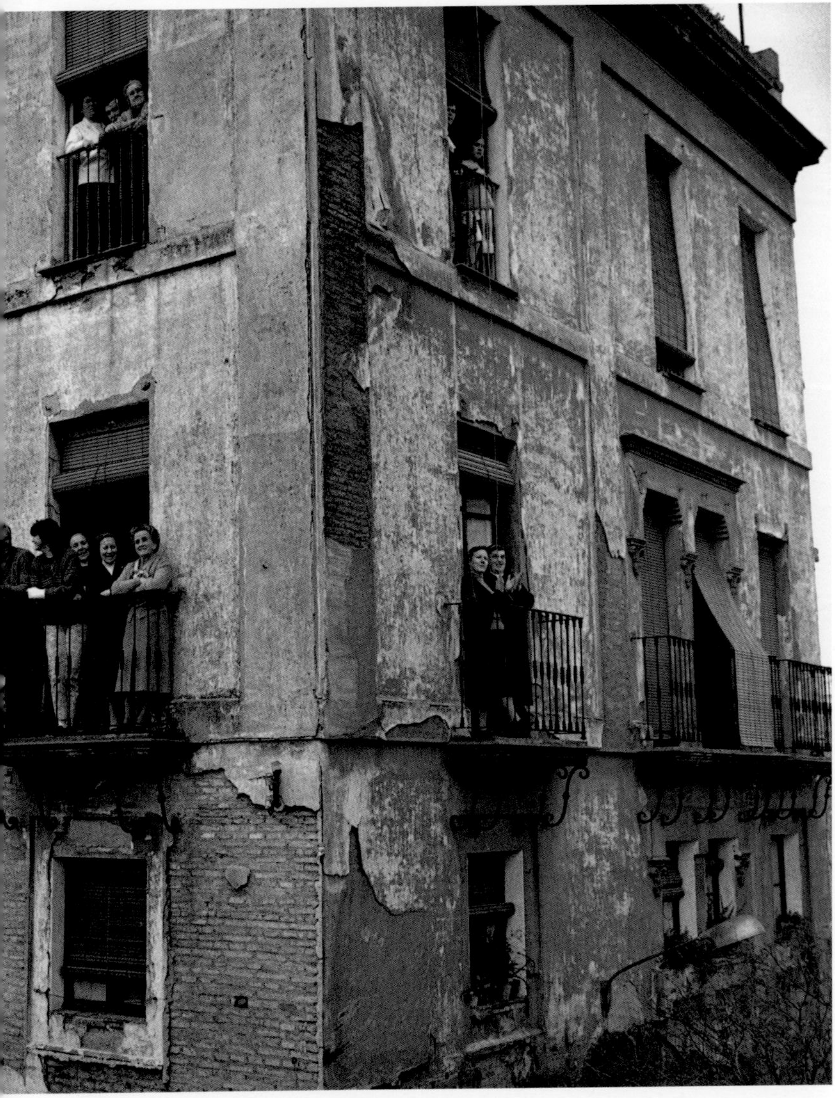

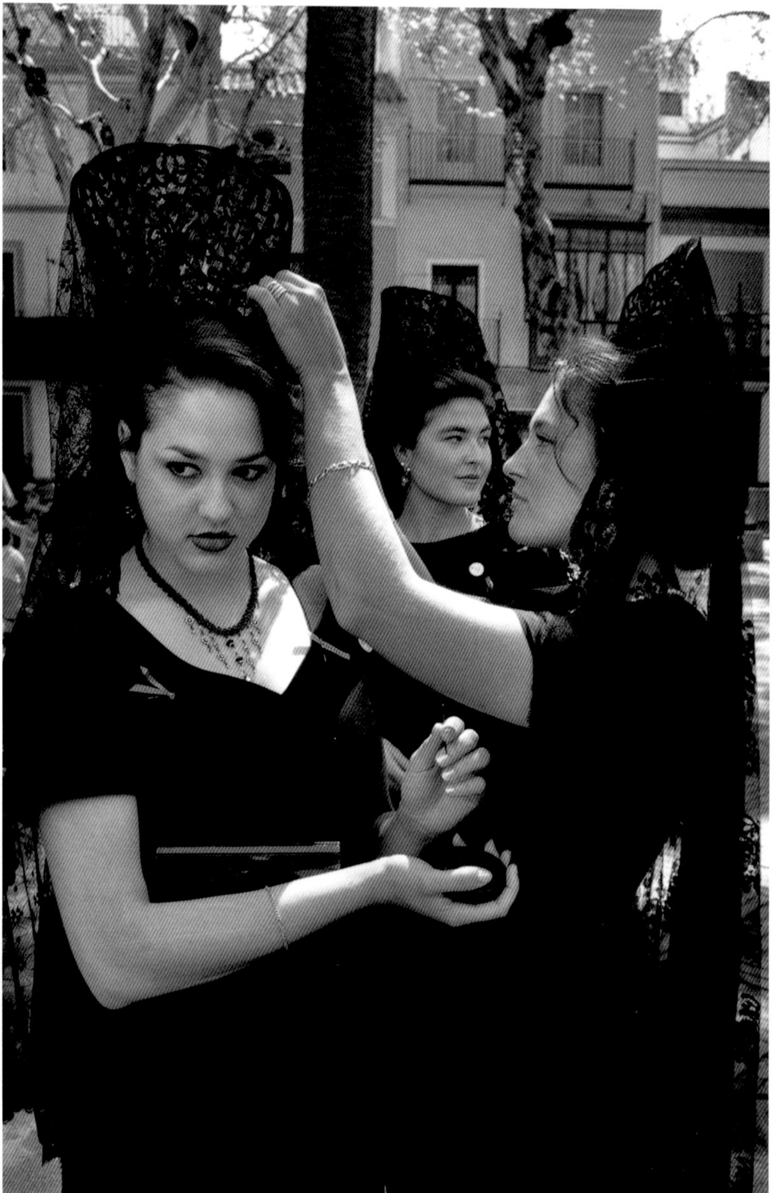

22. Mantillas. Plaza de San Lorenzo, Sevilla, 1996

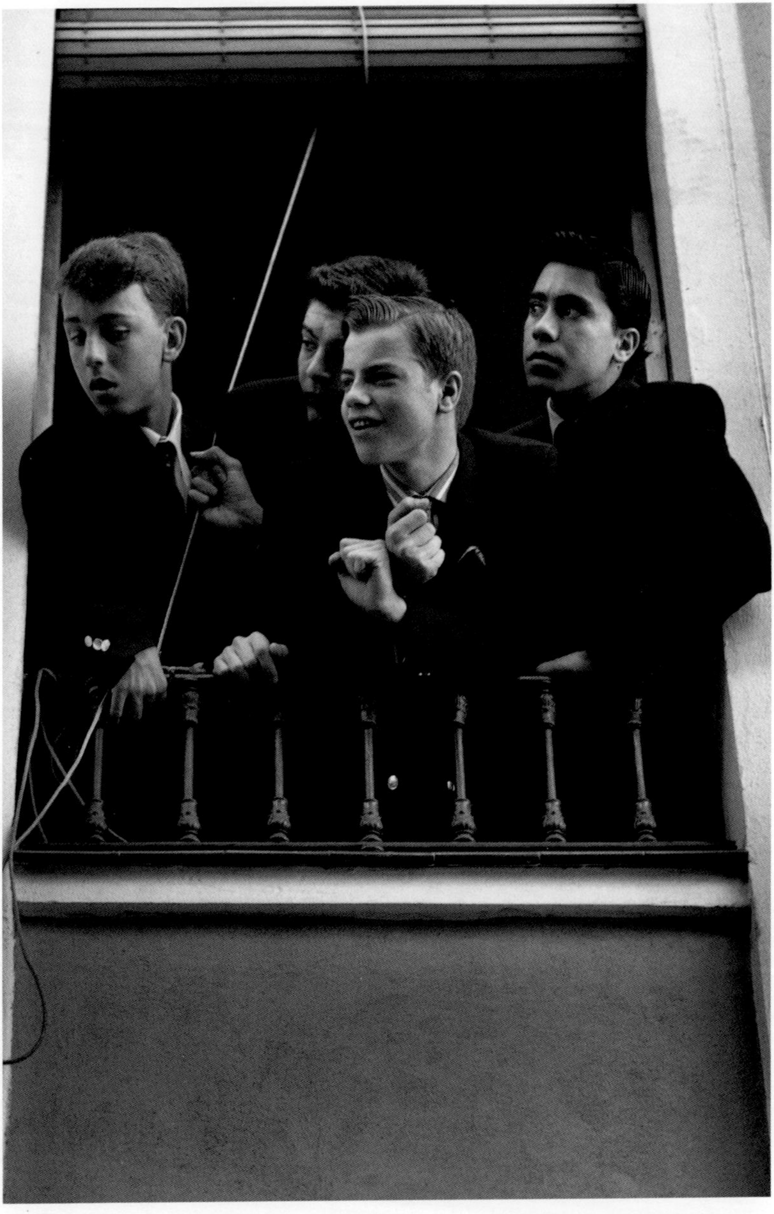

23. Jóvenes en Semana Santa. Sevilla, 1997

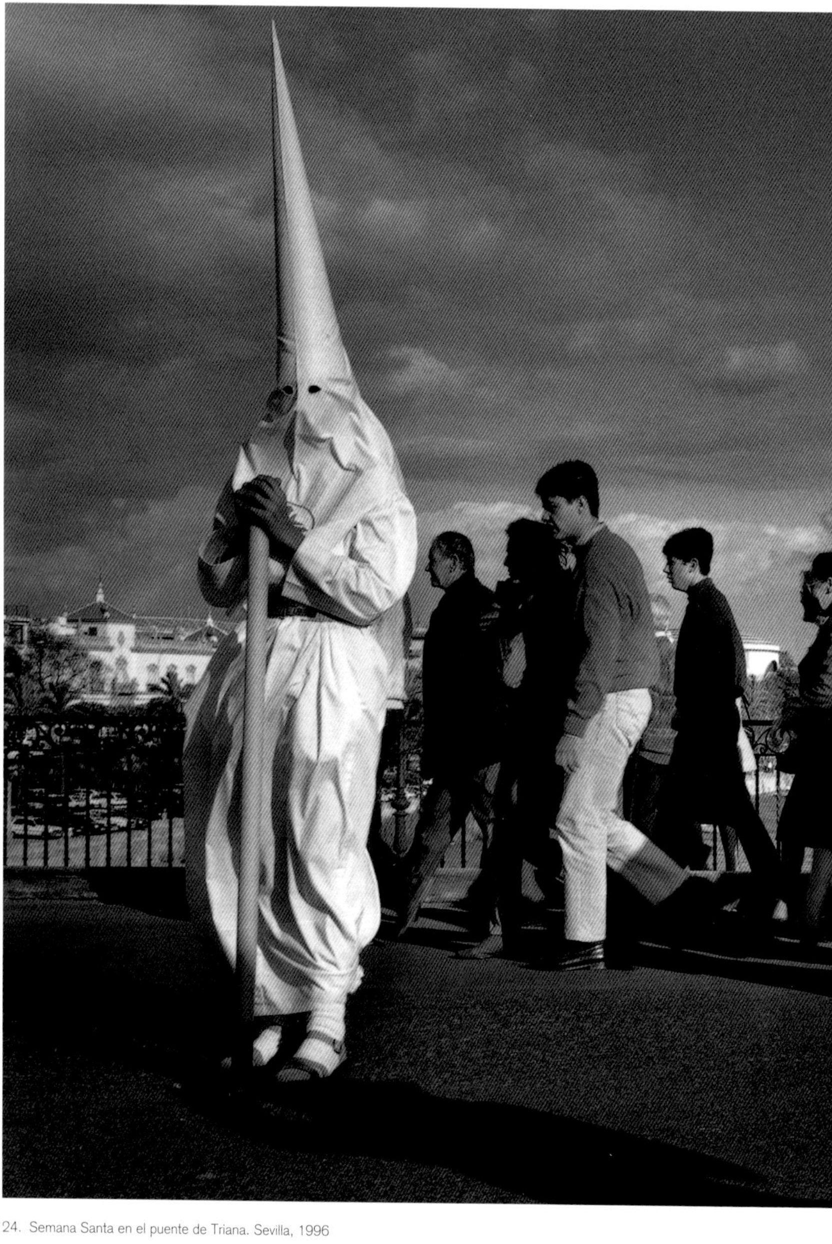

24. Semana Santa en el puente de Triana. Sevilla, 1996

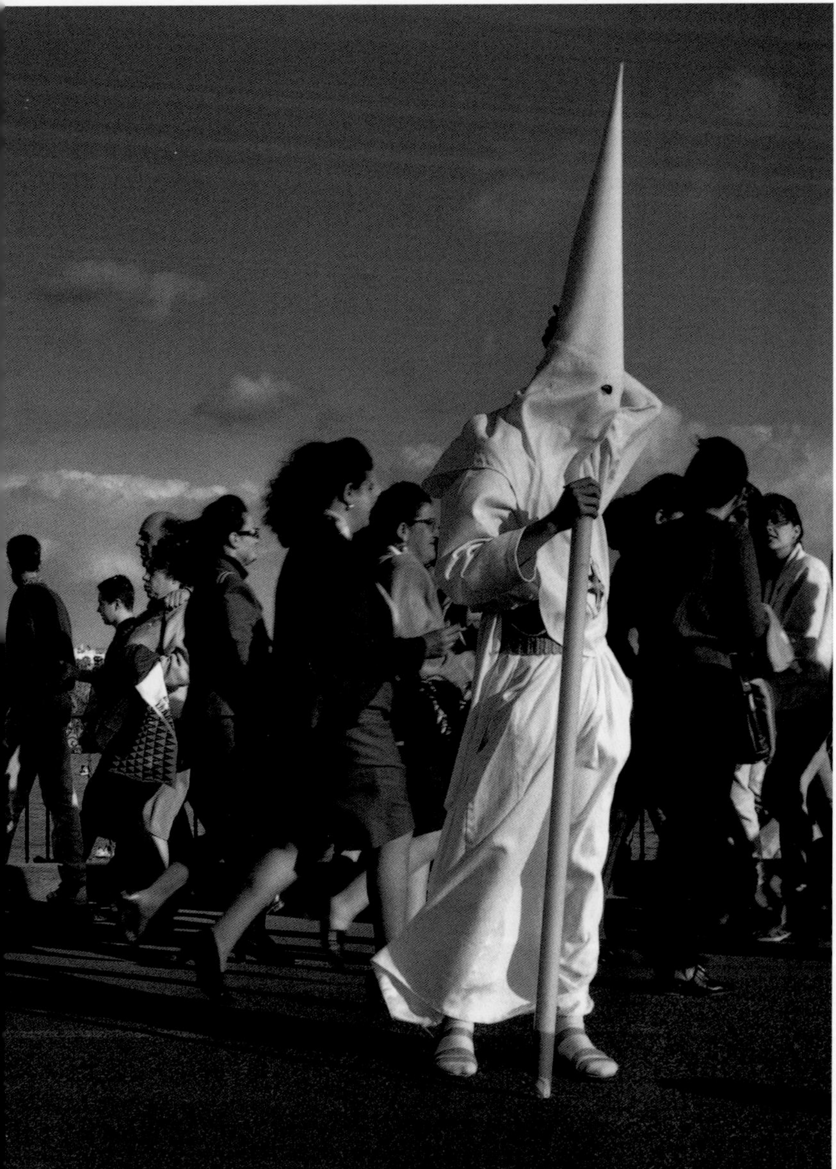

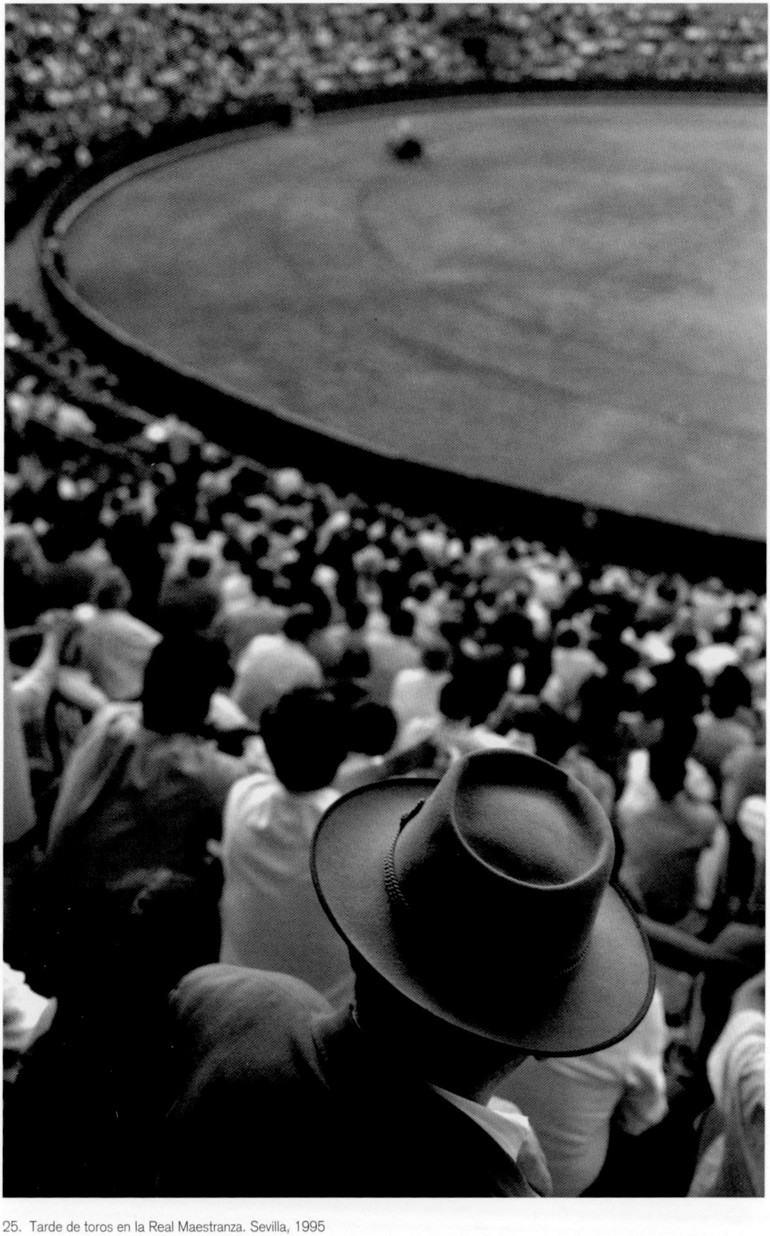

25. Tarde de toros en la Real Maestranza. Sevilla, 1995

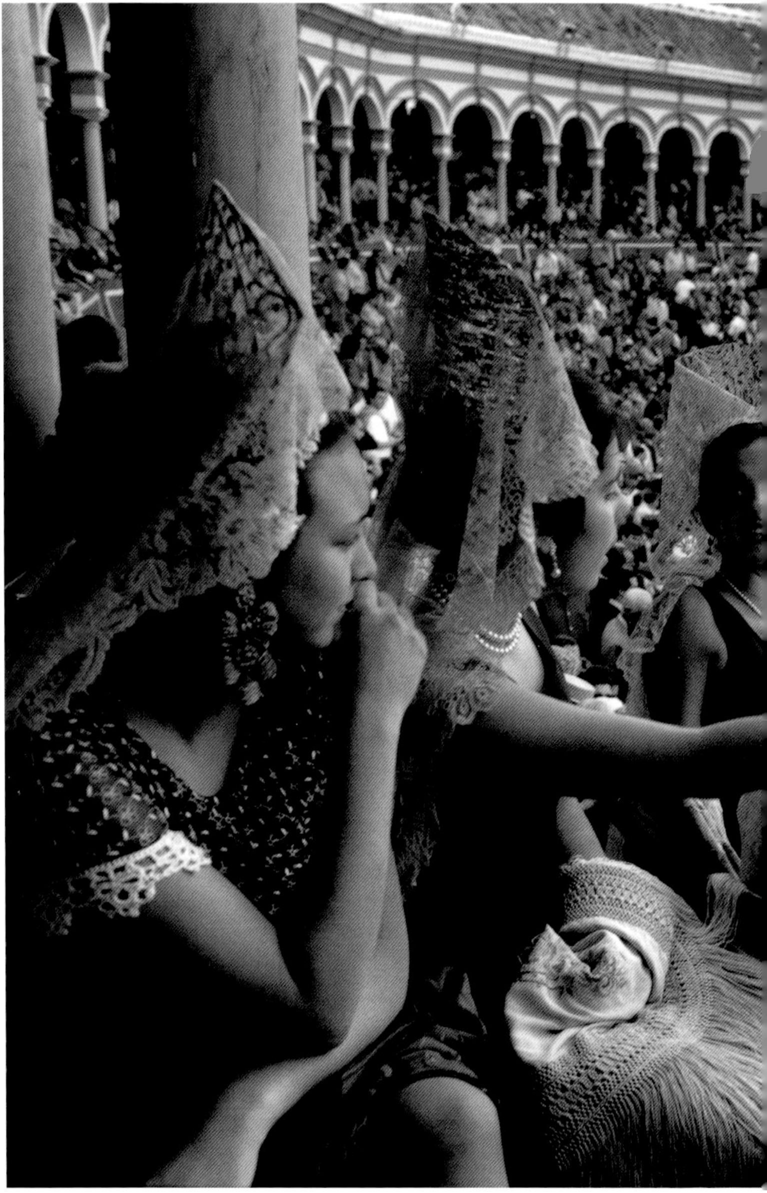

26. Jóvenes en el palco de la Real Maestranza de Caballería. Sevilla, 1996

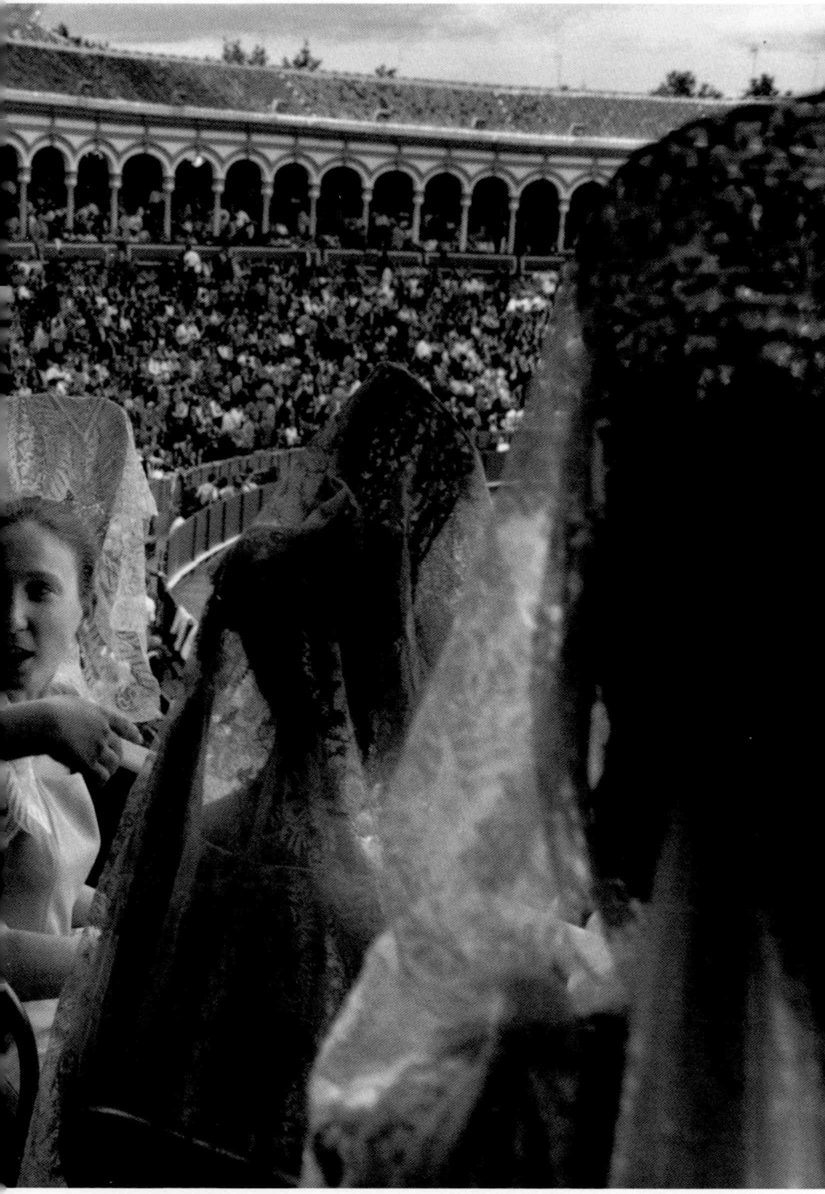

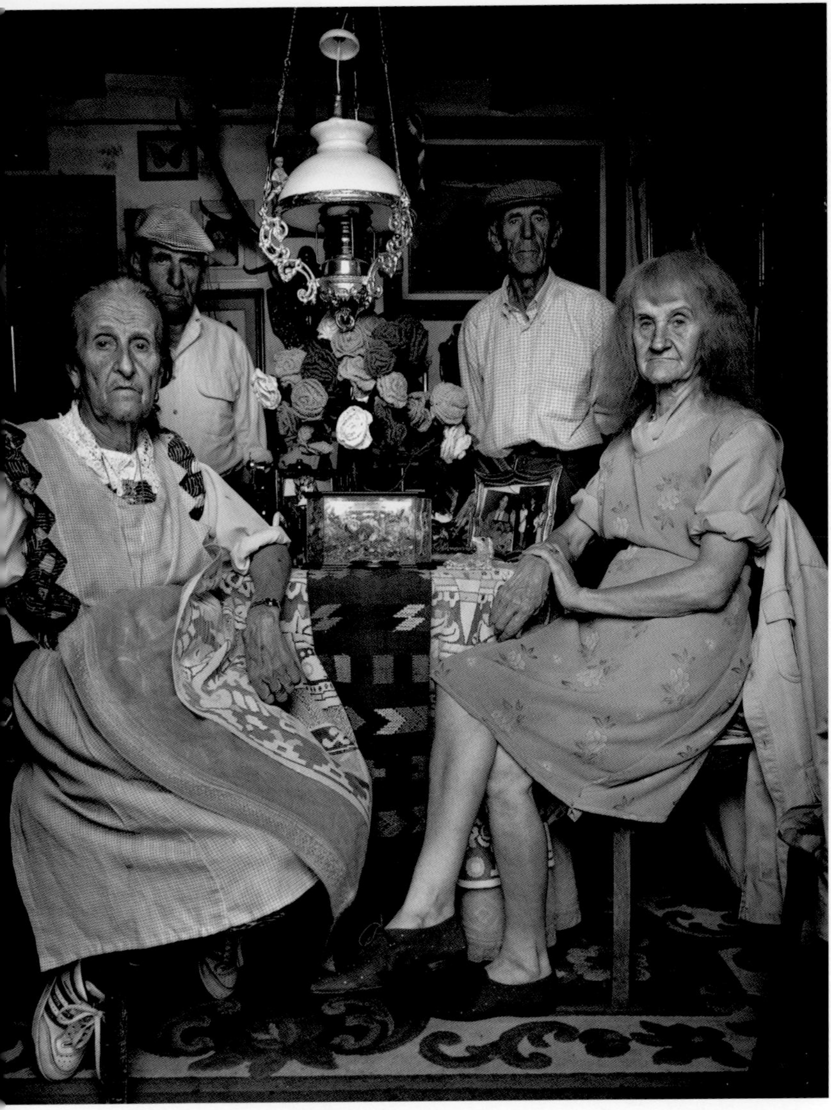

27. Guardia y sus hermanos. Castellar de la Frontera, Cádiz, 2002

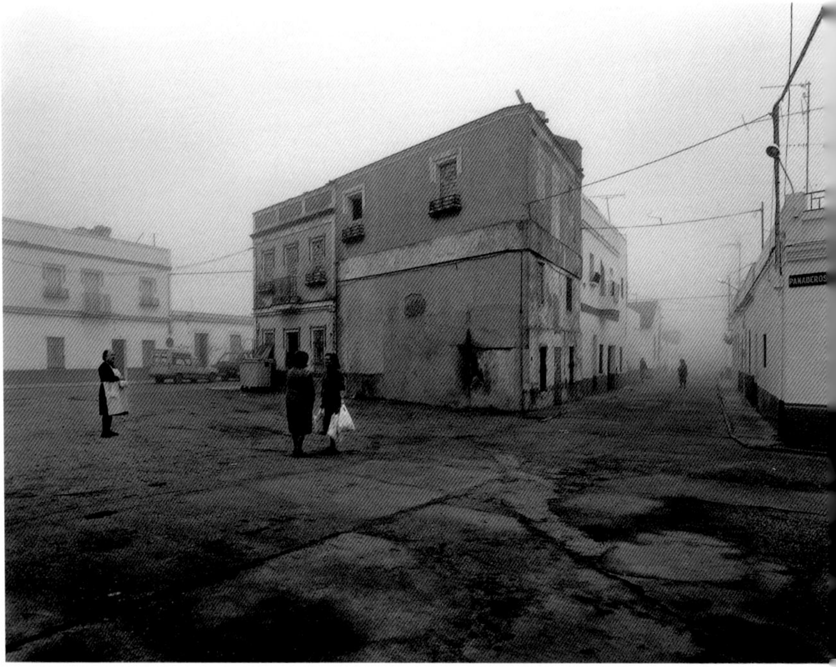

28. Poblado de Alfonso XIII. Marismas del Guadalquivir, 1991-1996

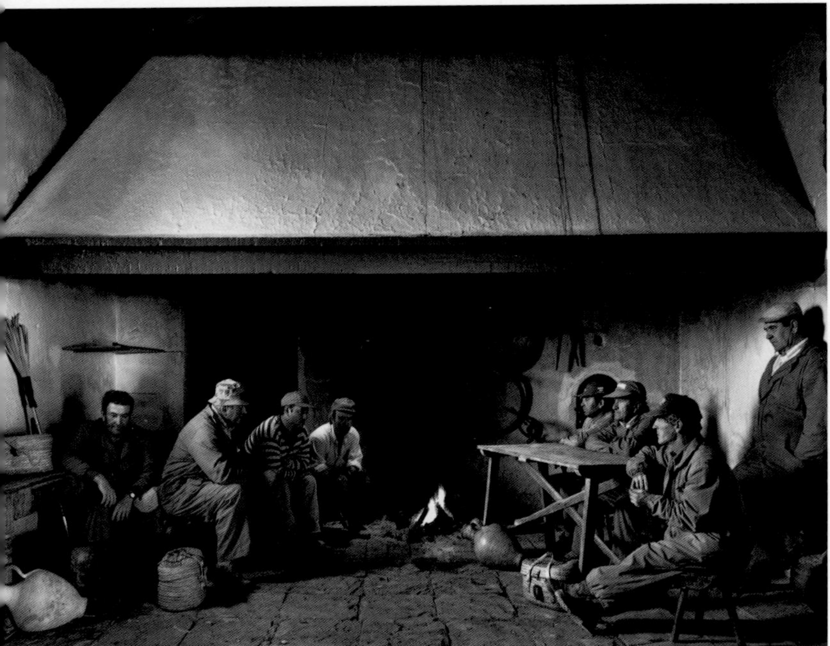

29. Trabajadores. Gañanía de El Chorreadero Viejo, San José del Valle, Cádiz, 2001

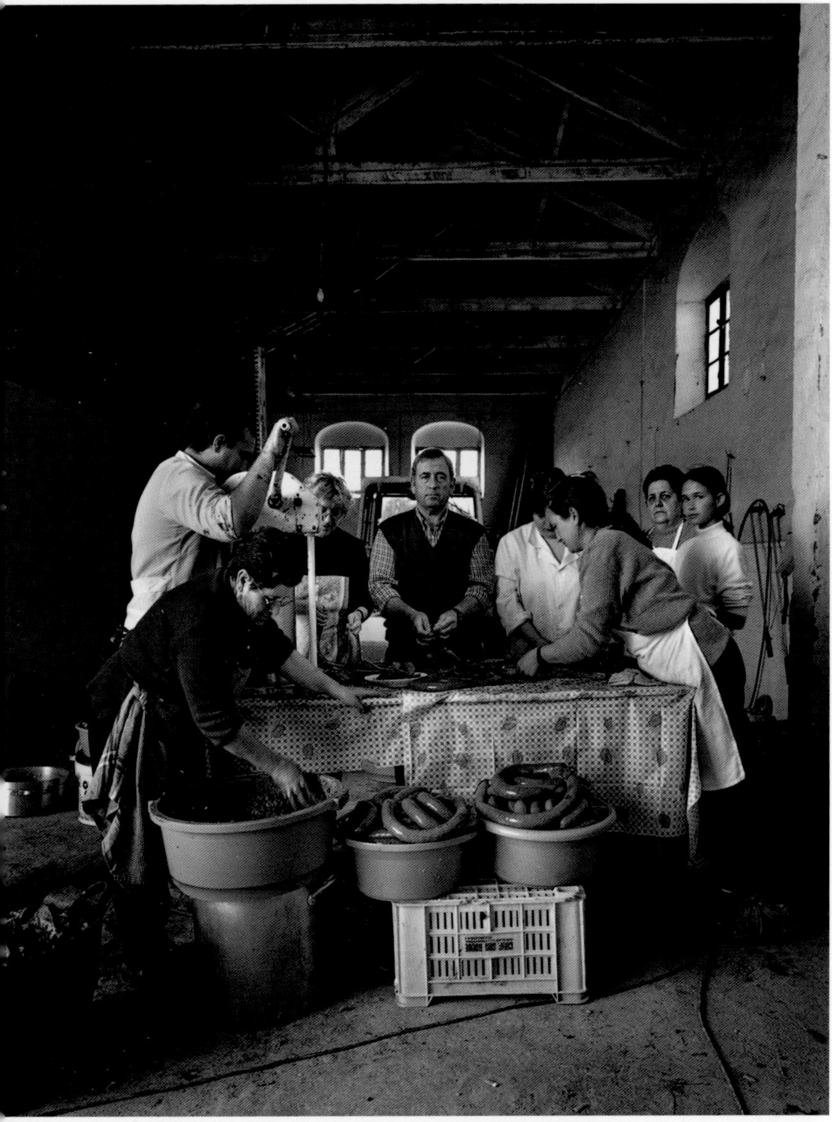

30. El rito de la matanza. Cortijo Don Pedro, Aguilar de la Frontera, Córdoba, 2002

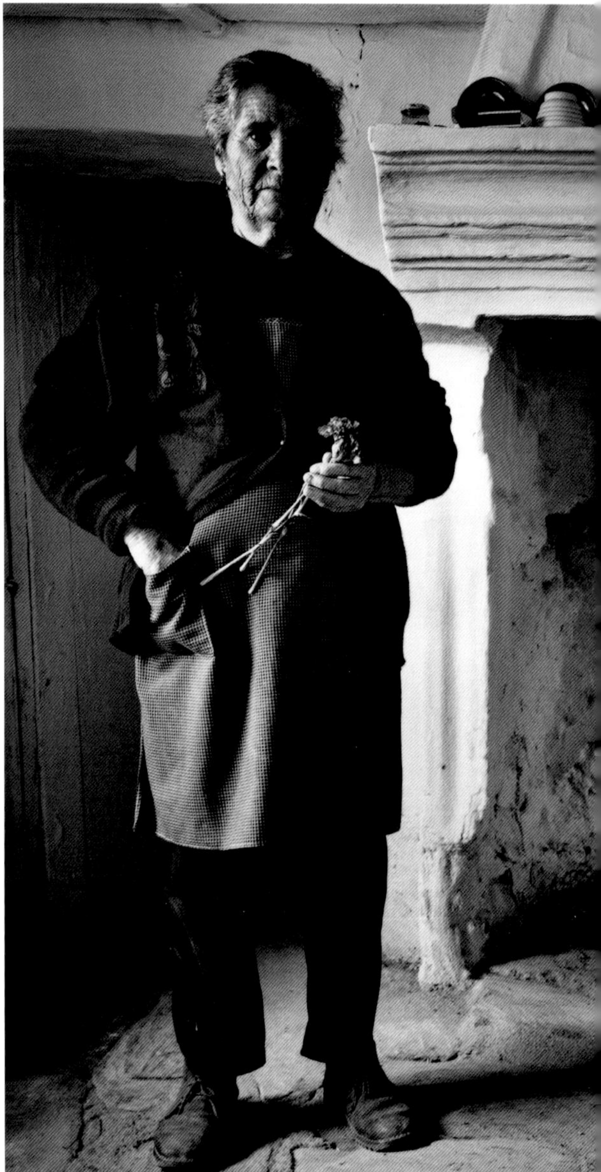

31. María Martínez Hernández y Eulogia Moya Mesa. Aulago, Almería, ca. 2004

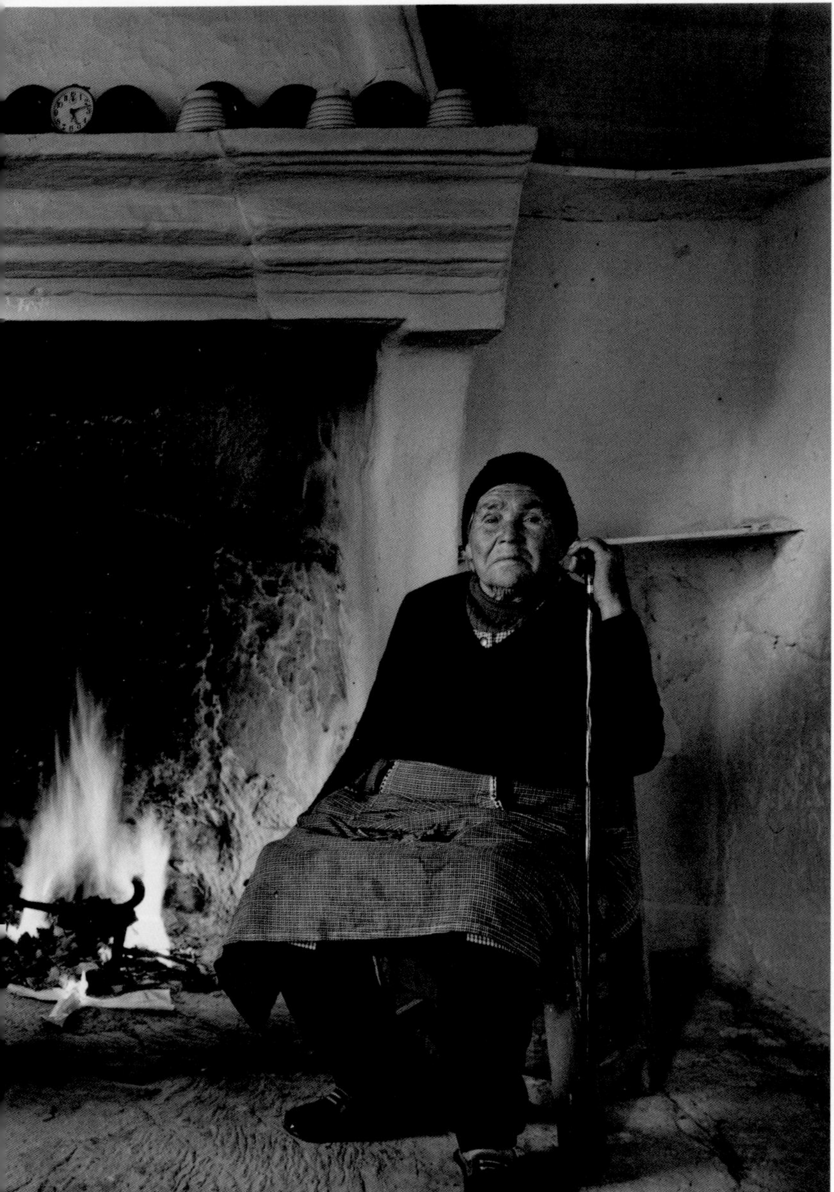

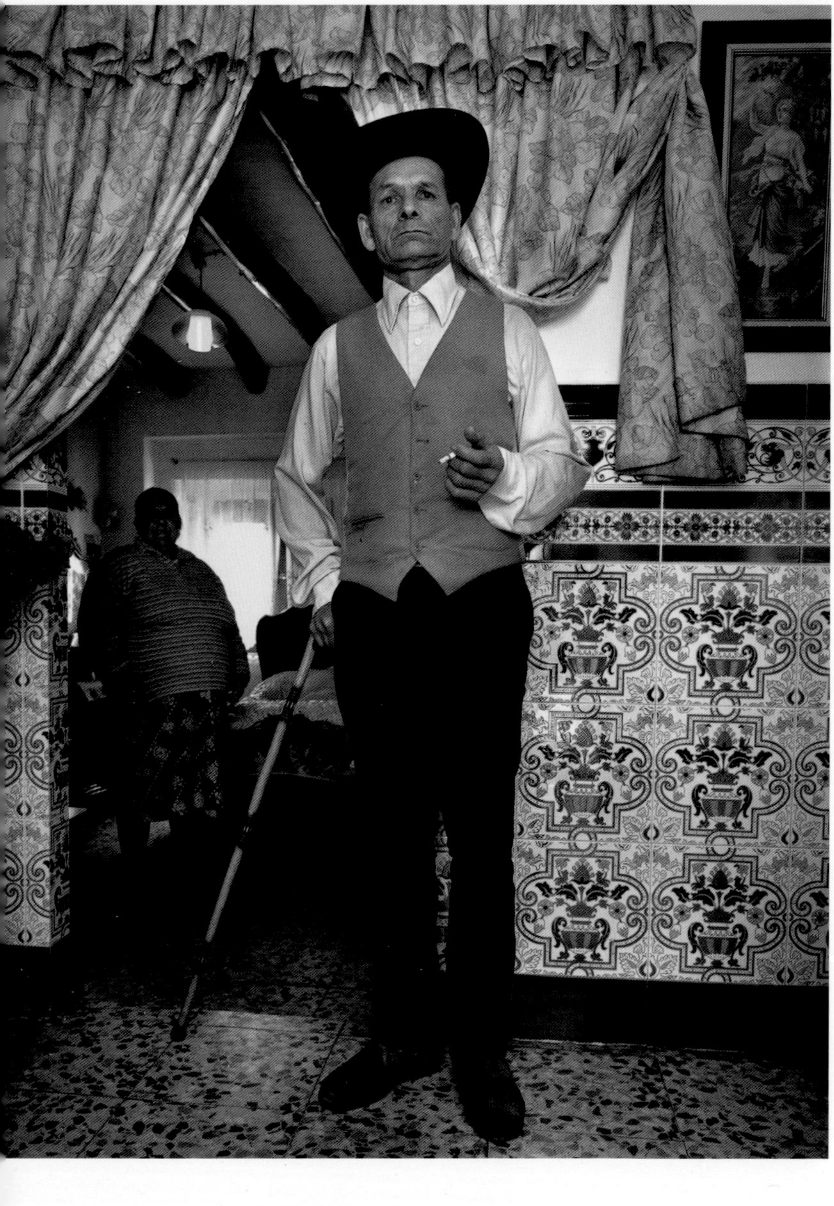

32. Manuel Aguilera Aguilera. Galaroza, Huelva, ca. 2002

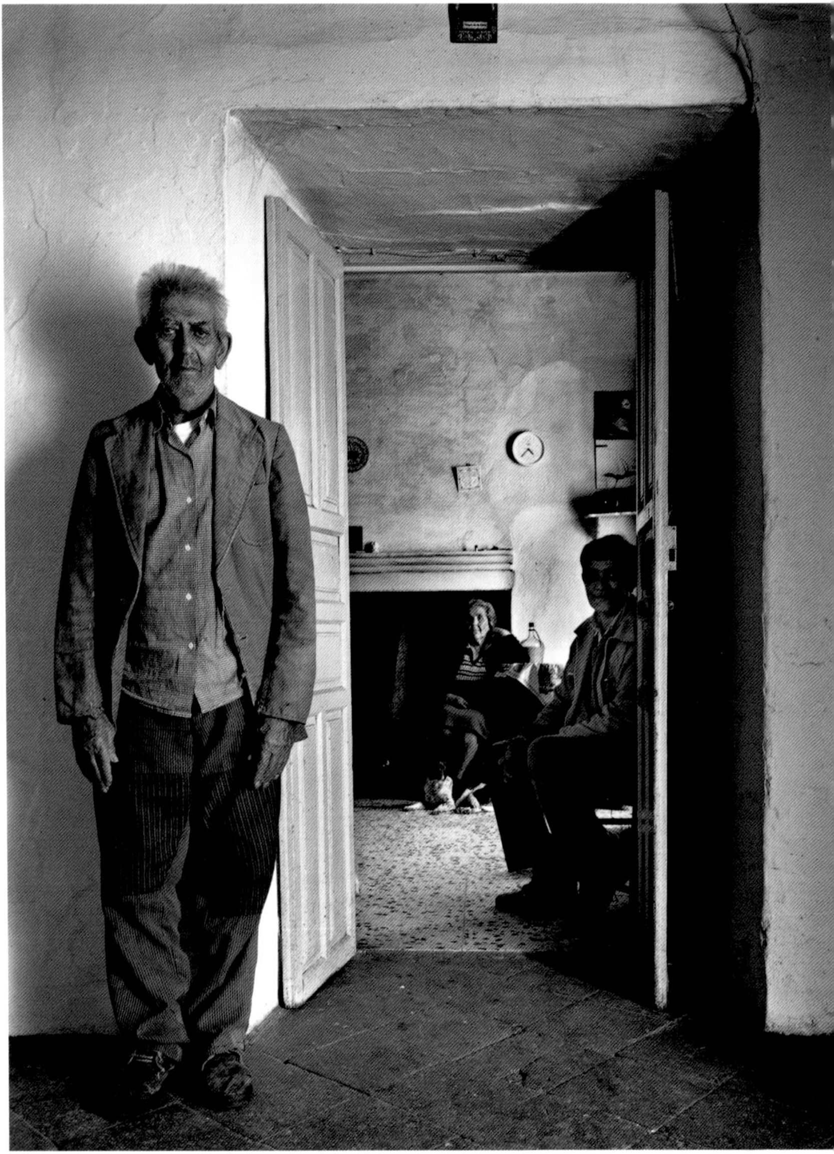

33. Sin título, ca. 2002

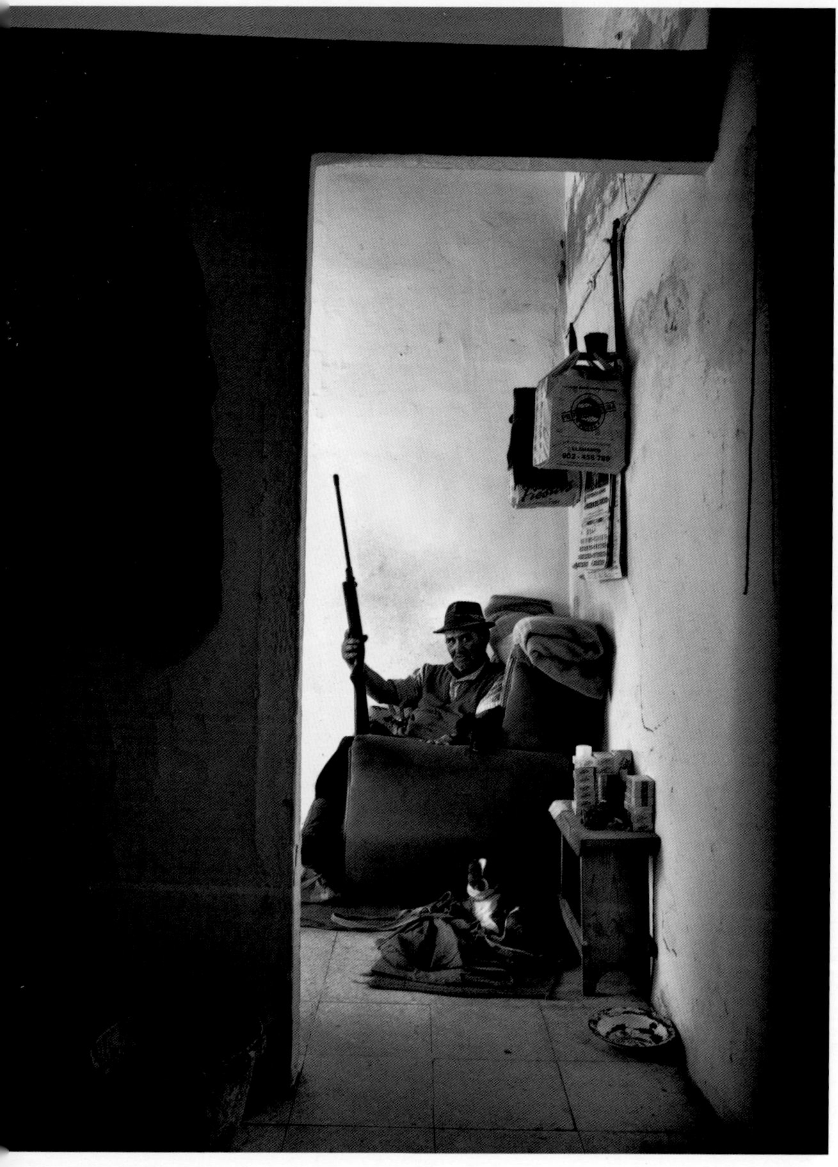

4. Guardia. Cortijo de la Cañada. Sanlúcar de Barrameda, Cádiz, ca. 2002

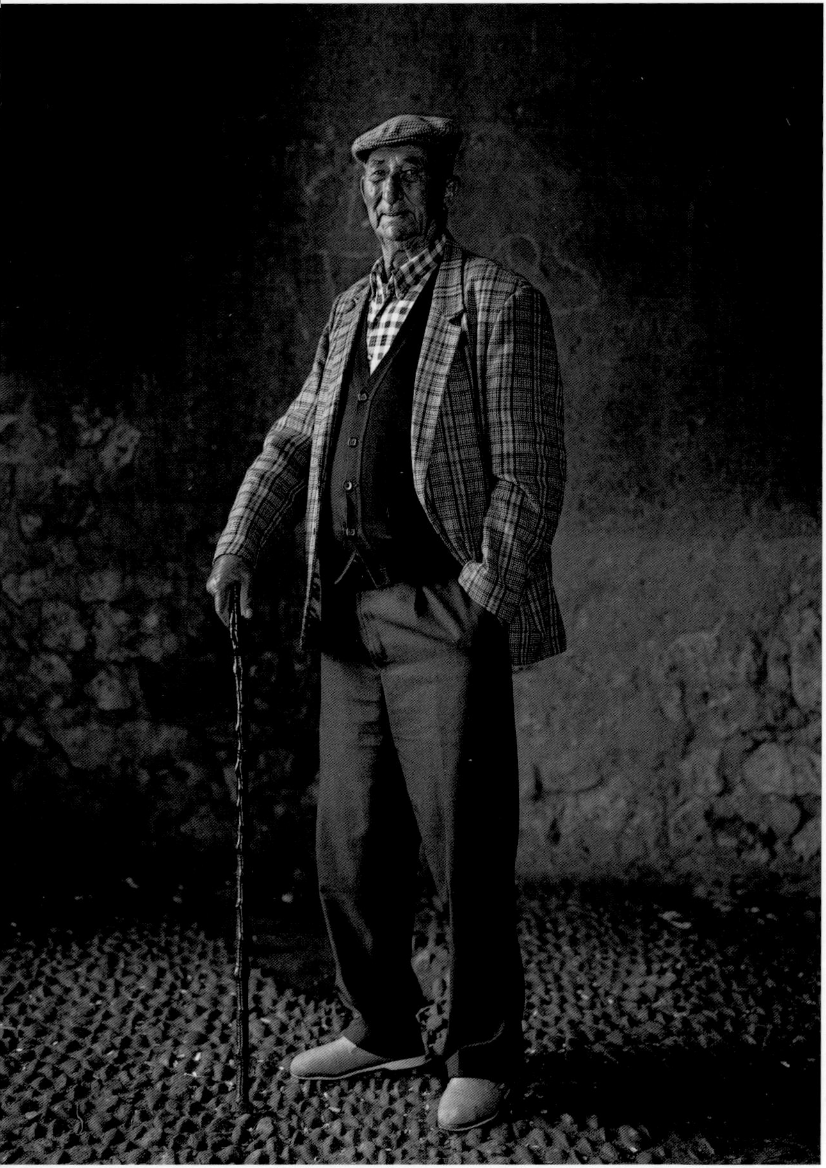

5. Manuel López Feria. Puerta del Socorro, Niebla, Huelva, 2002

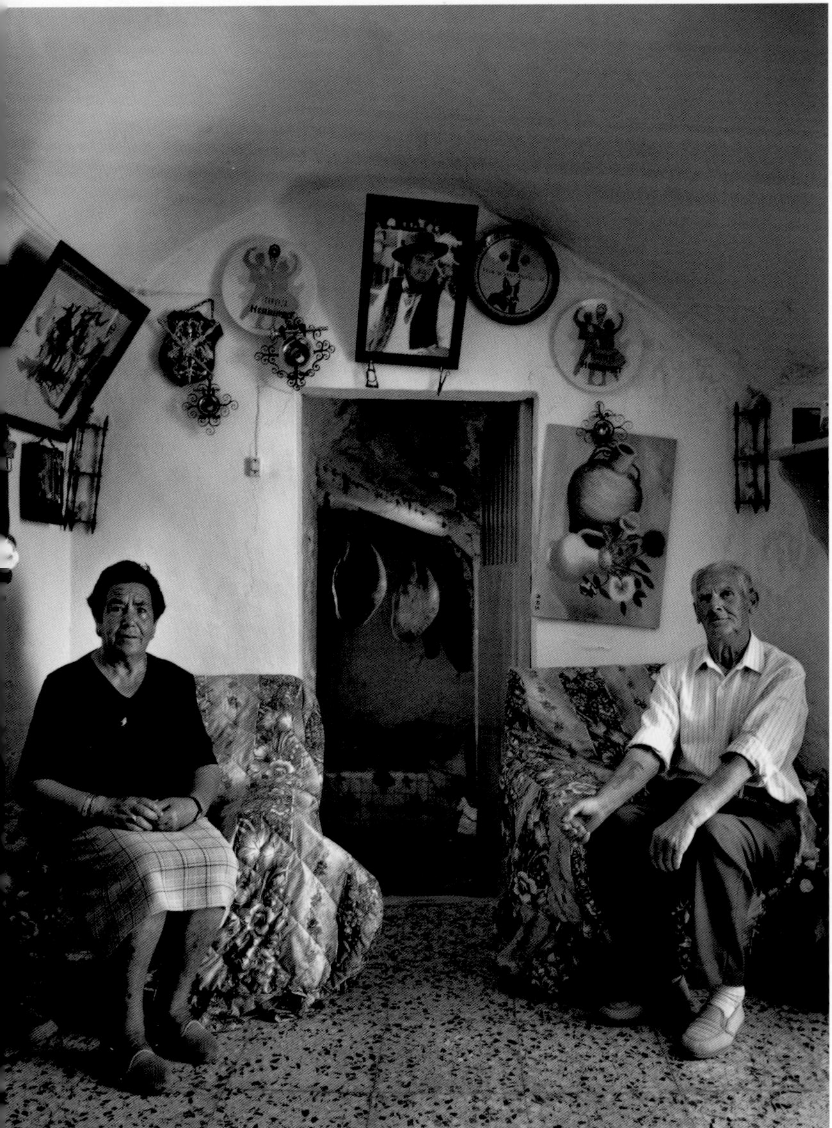

36. Sin título, ca. 2002

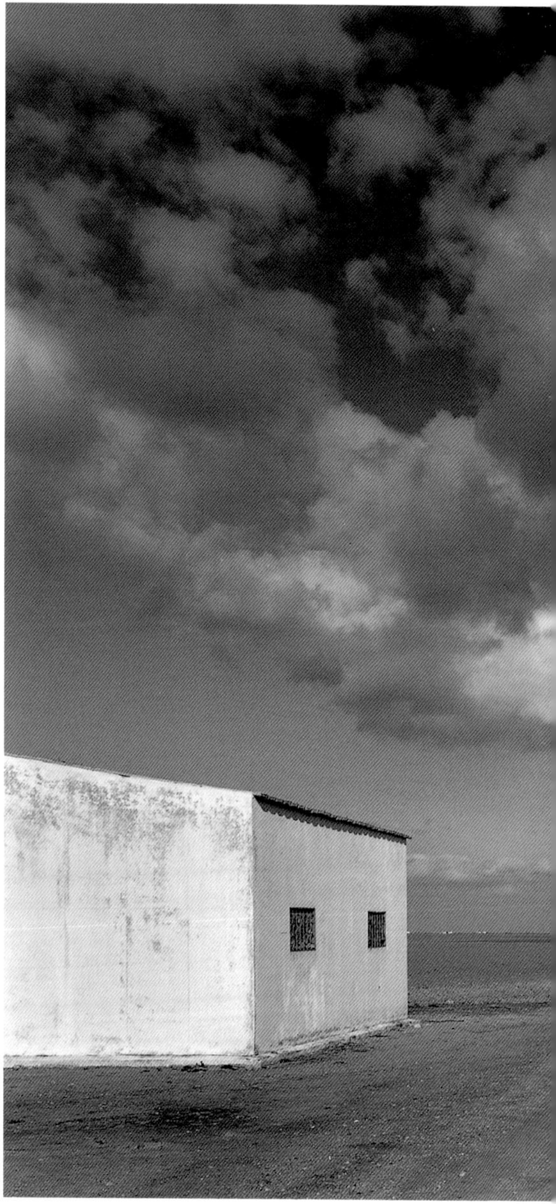

37. Paisaje en la marisma del Bajo Guadalquivir junto a Trebujena, 1991-1996

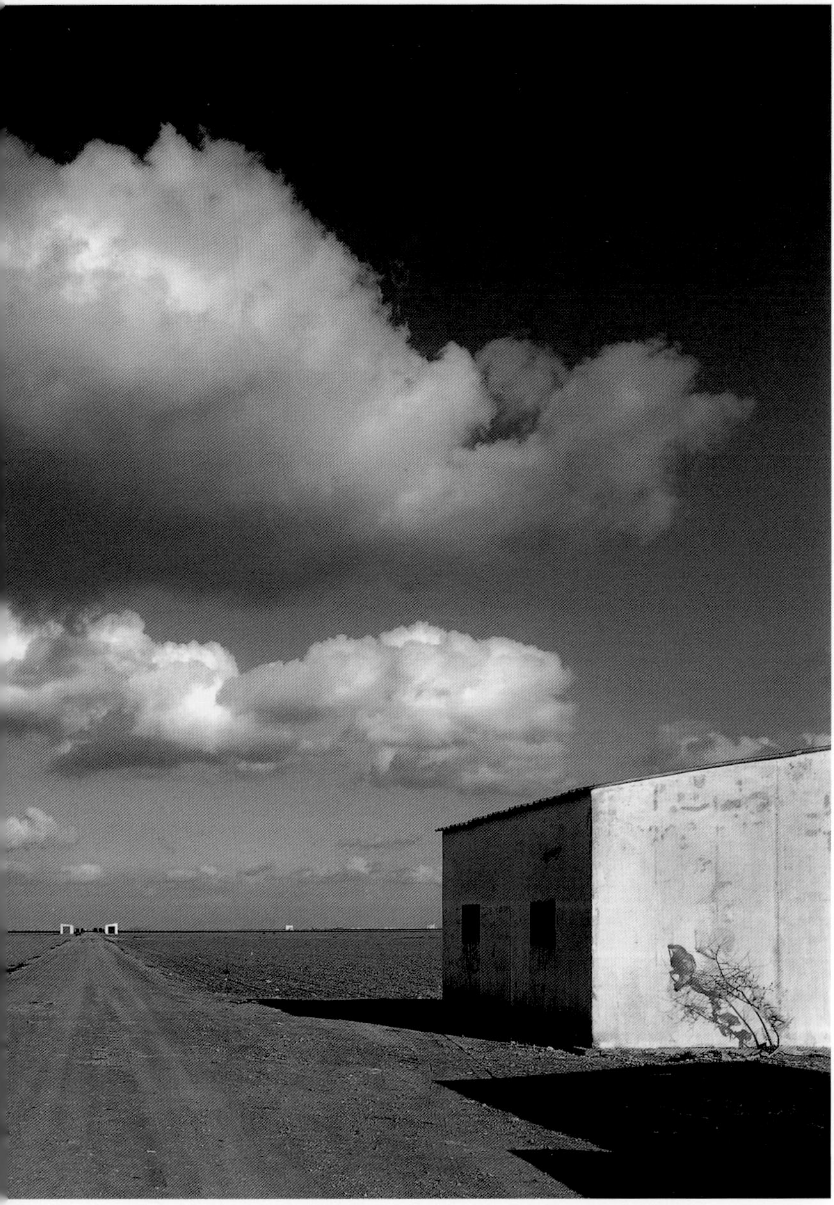

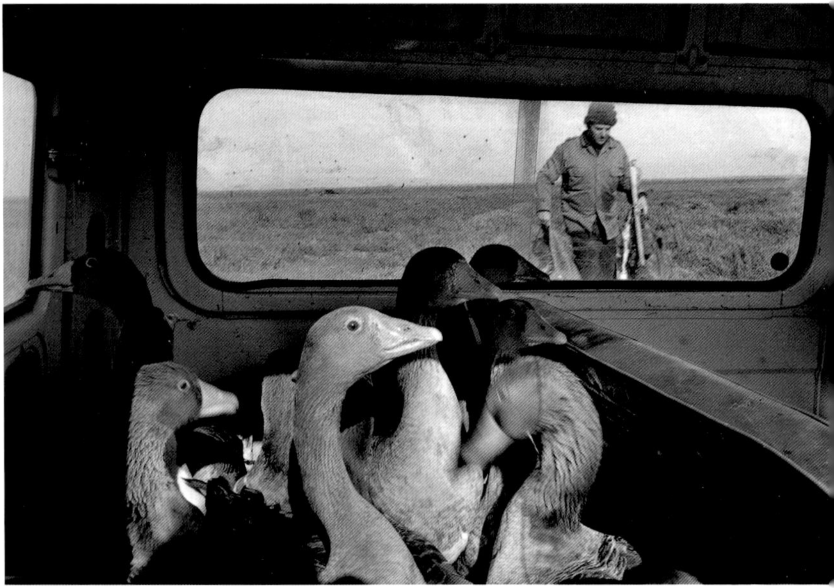

38. Cazador de patos con reclamos vivos de ansares. Marismas del Guadalquivir, 1991-1996

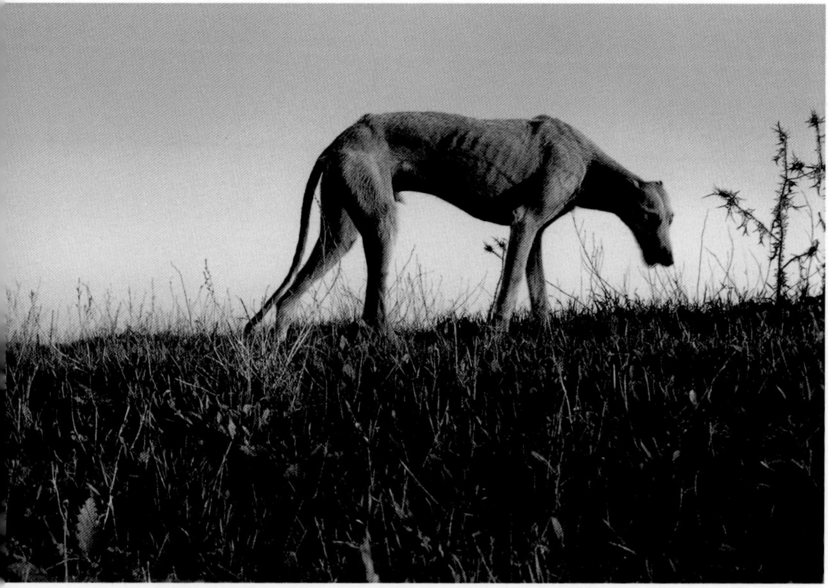

9. Galgo de la marisma. Marismas del Guadalquivir, 1991-1996

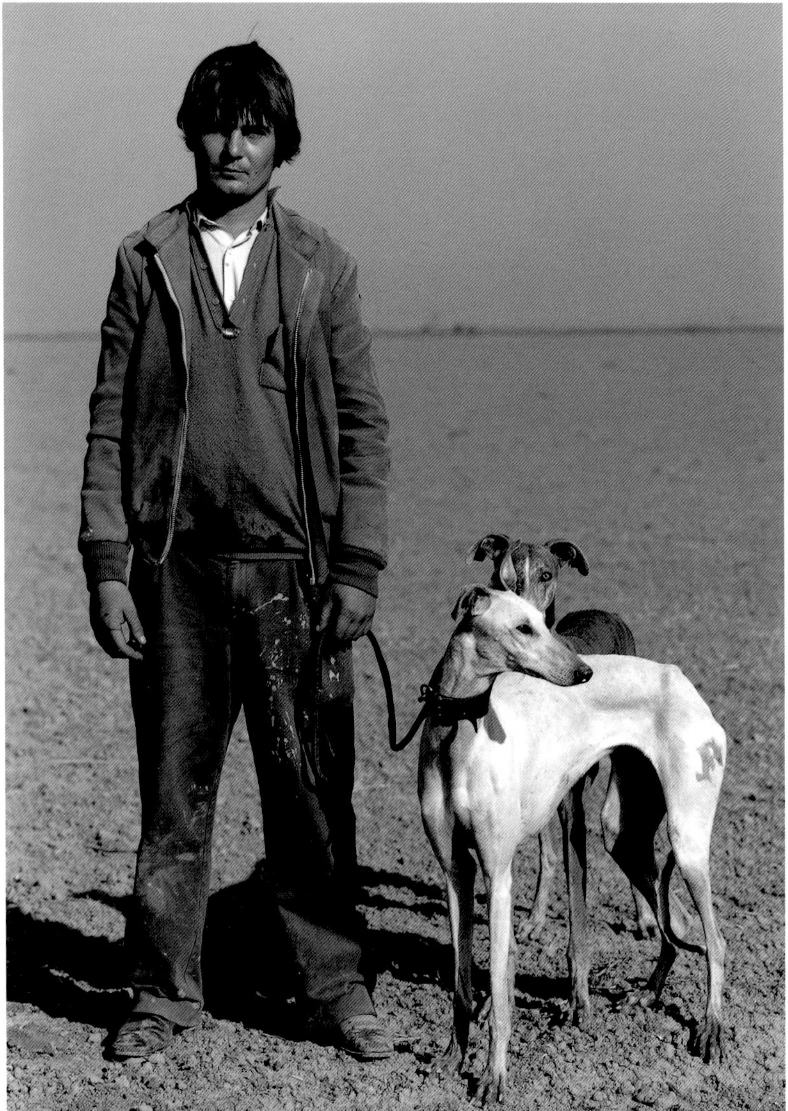

40. José Manuel Lara González cazando liebres en la isla Menor. Marismas del Guadalquivir, 1991-1996

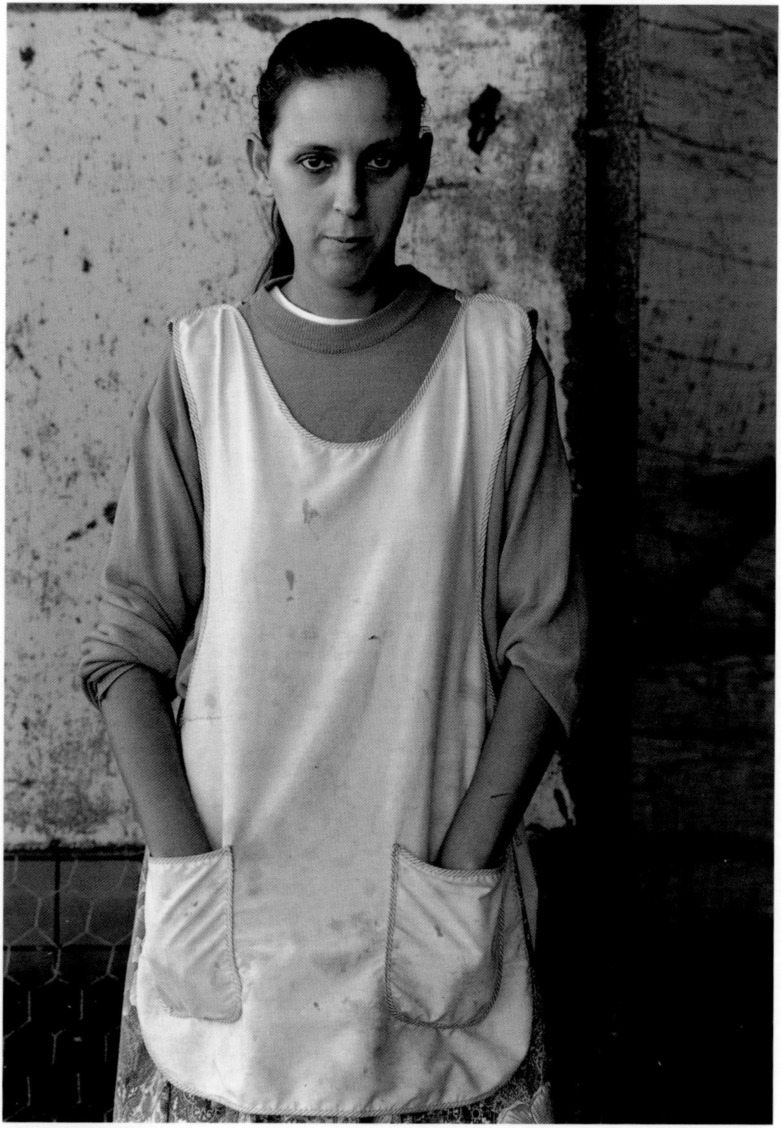

41. Rosario Alcántara Pérez en su casa en el Bajo Guadalquivir. Marismas del Guadalquivir, 1991-1996

42. Caballo muerto en la isla Mínima. Marismas del Guadalquivir, 1991-1996

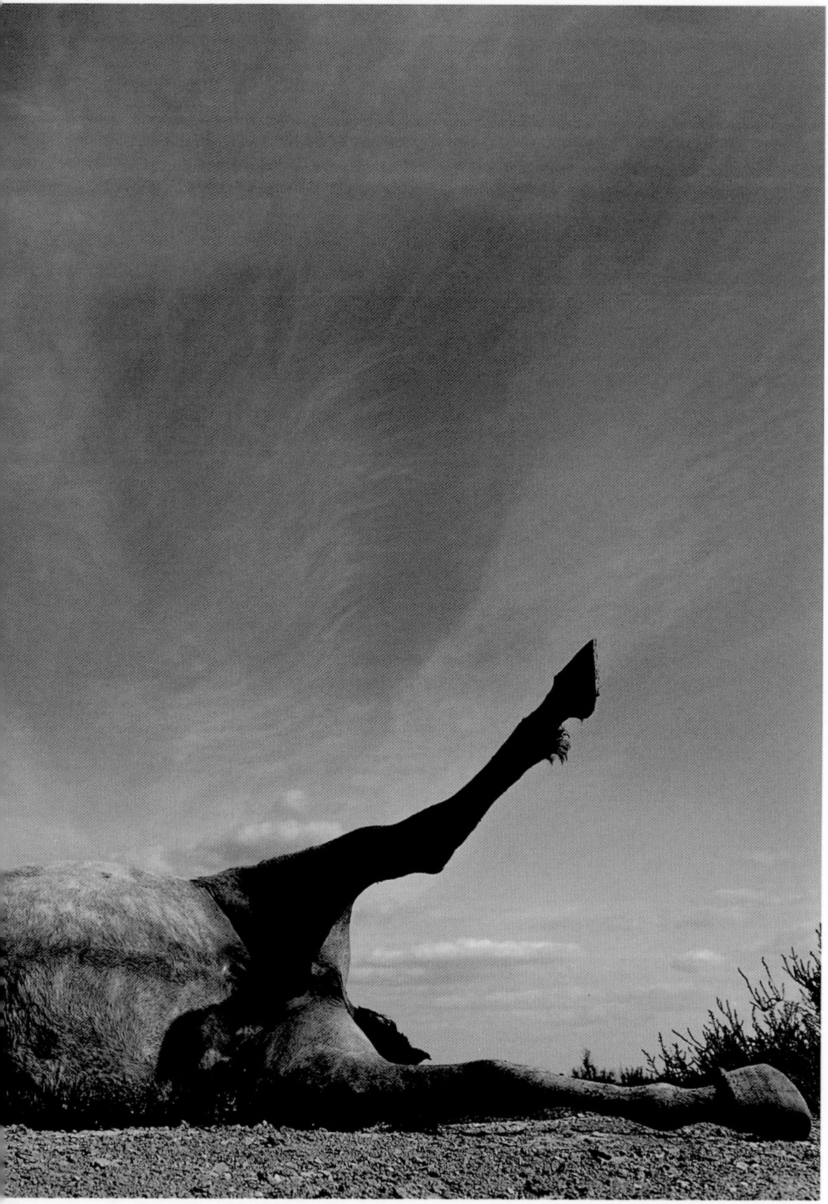

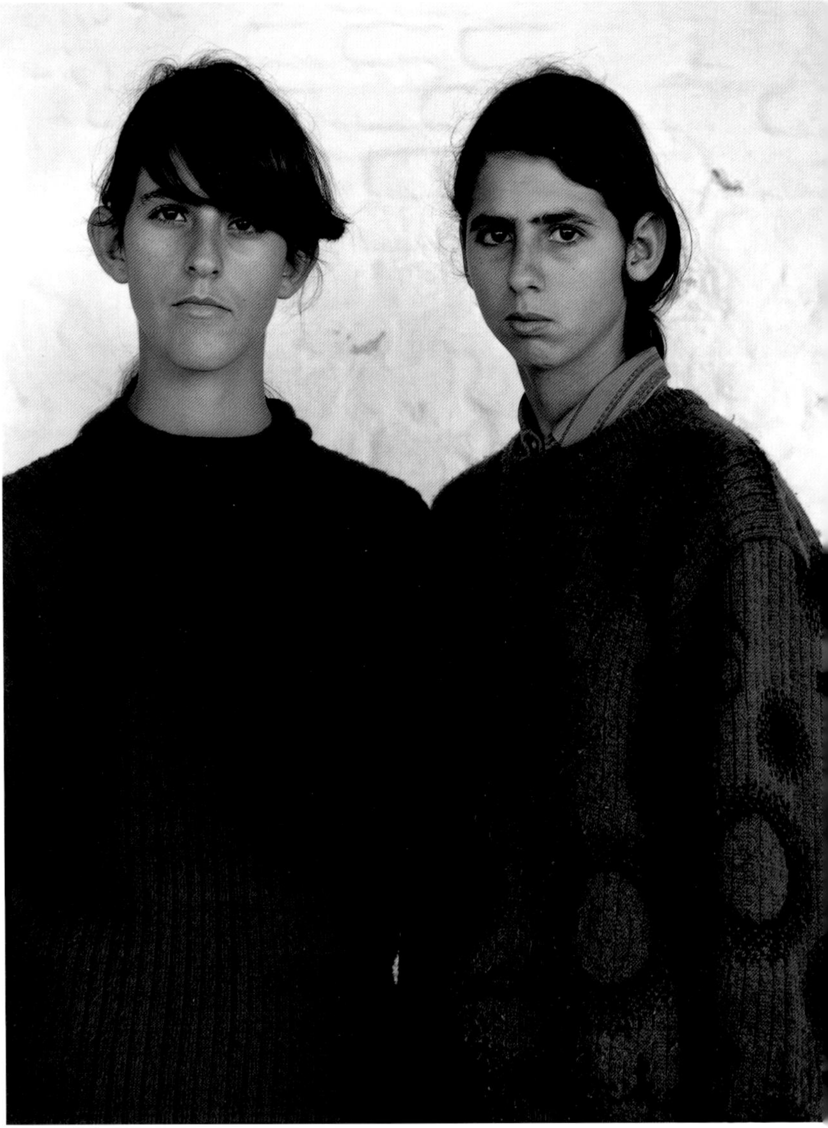

43. Isabel y Manuela Hueso Santos. Marismas del Guadalquivir, 1991-1996

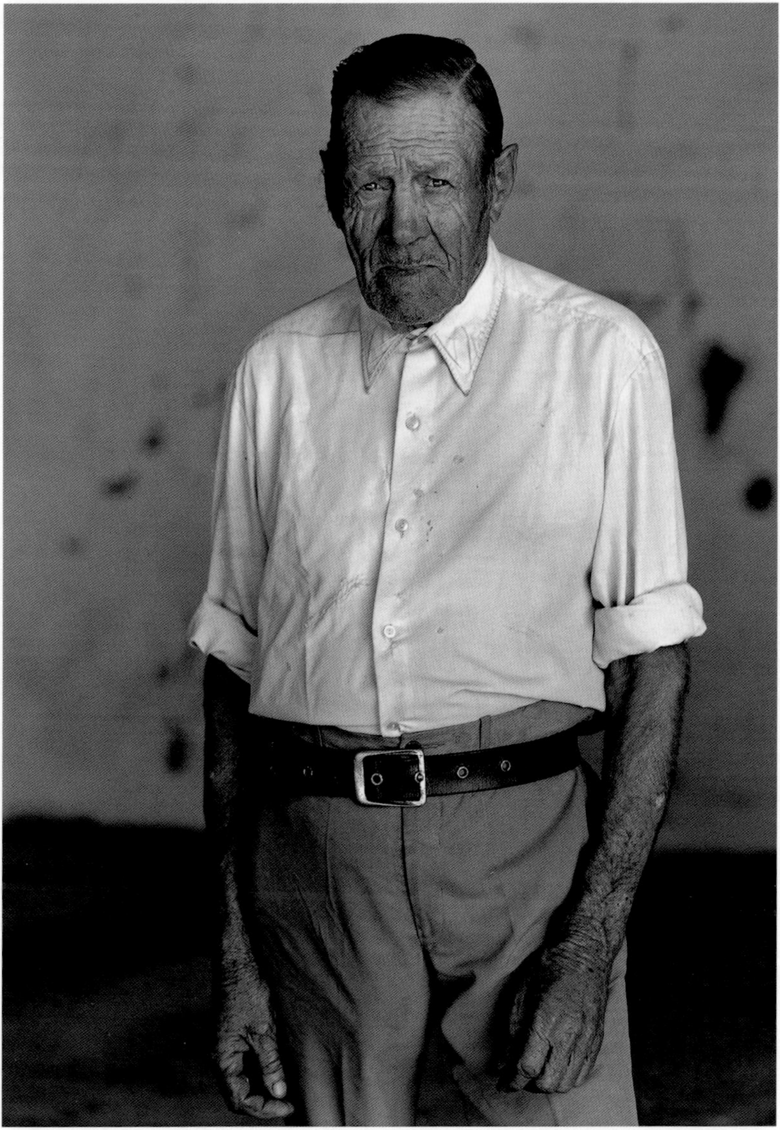

44. Manuel Méndez Chacón en el poblado Queipo de Llano. Marismas del Guadalquivir, 1991-1996

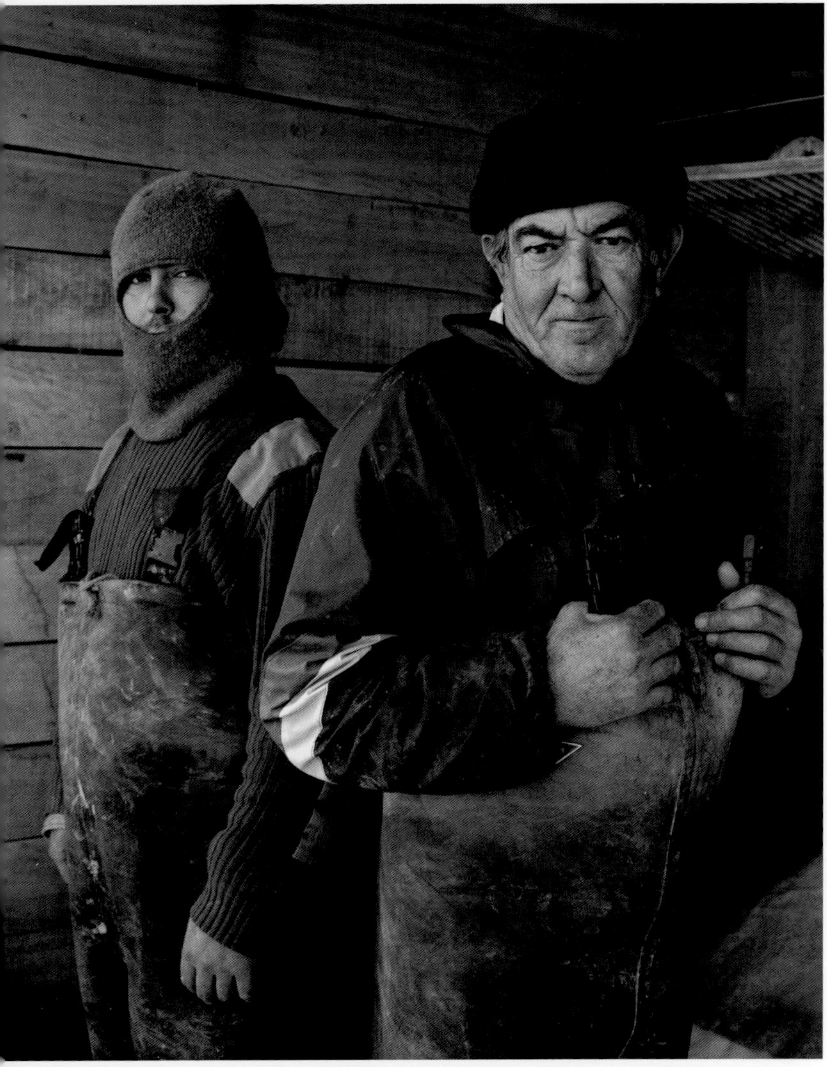

5. Sin título, ca. 2003

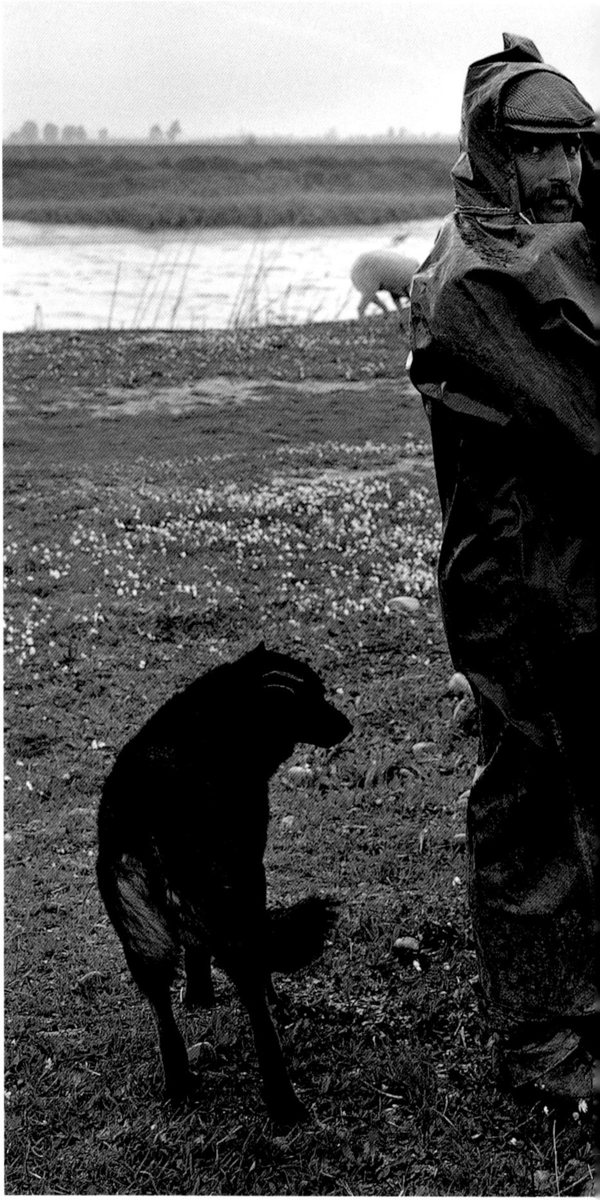

46. Pastores junto al río Guadaira. Marismas del Guadalquivir, 1991-1996

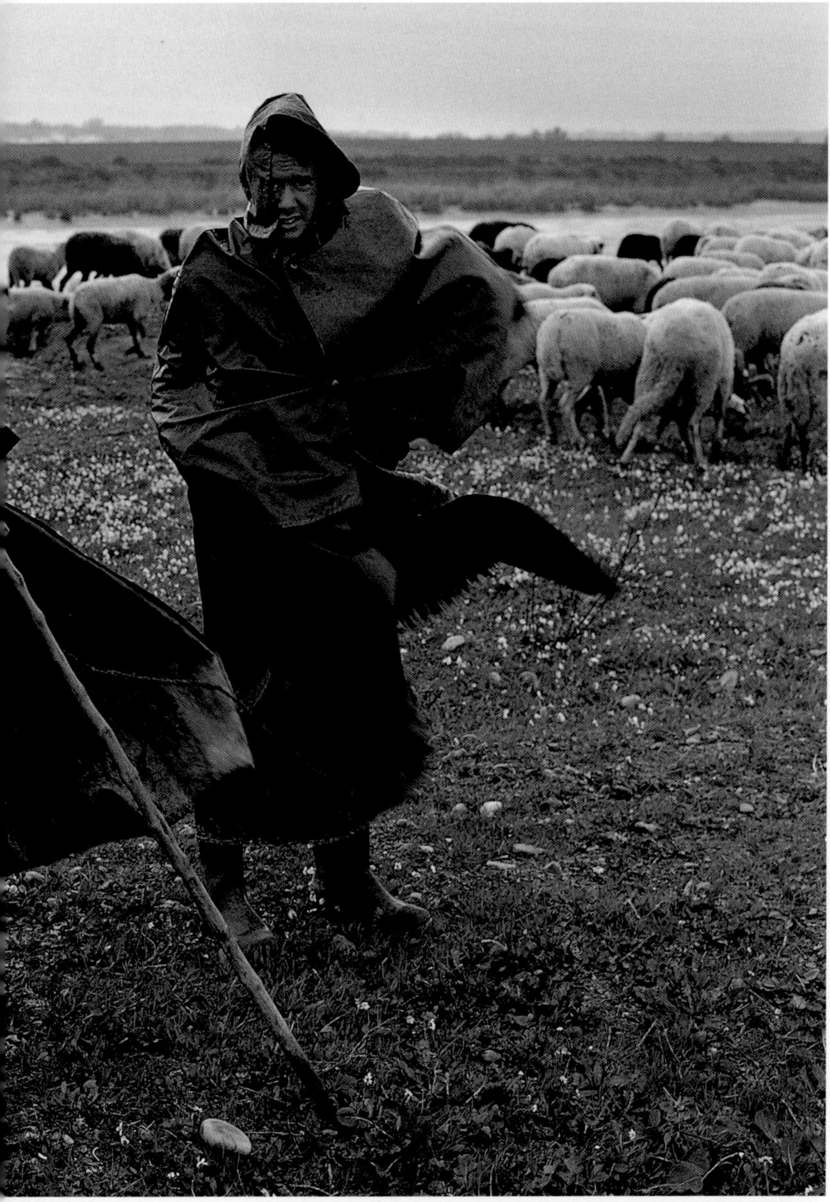

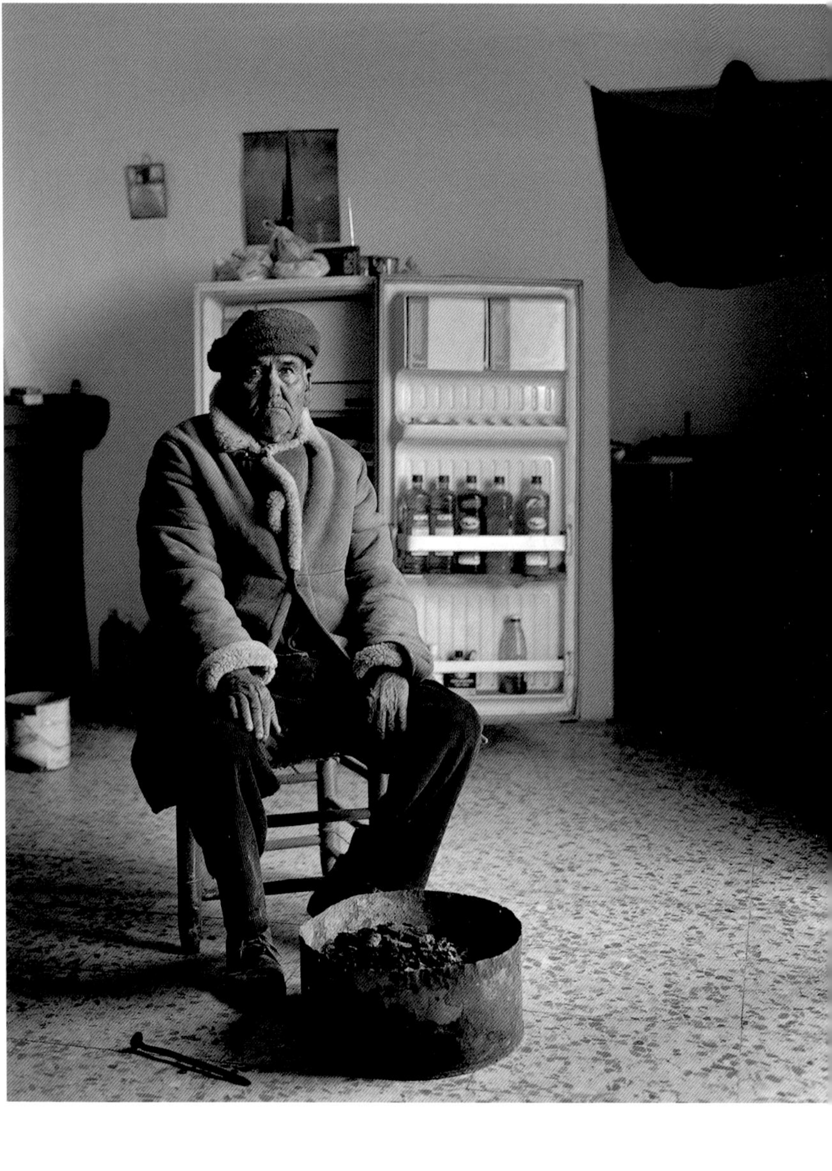

47. José Pineda en su casa junto a la Punta de Los Carabineros. Marismas del Guadalquivir, 1991-1996

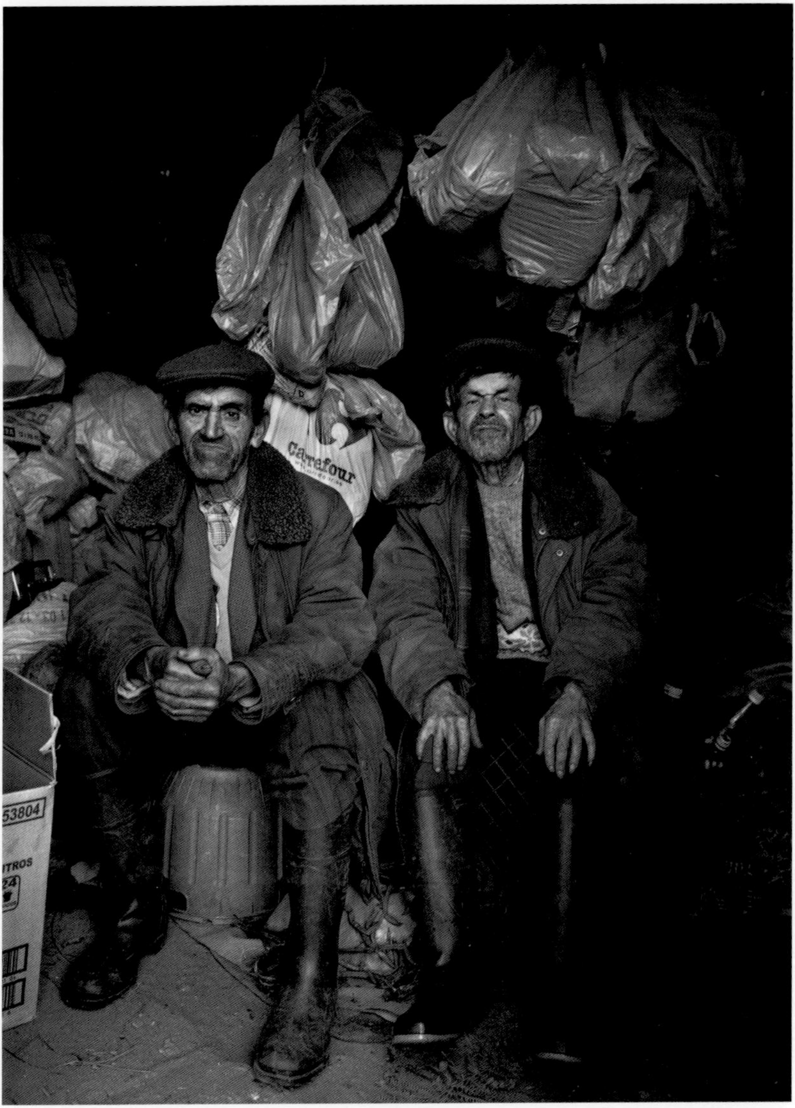

48. Emiliano y Francisco, pastores retirados. Fuenteheridos, Huelva, 2002

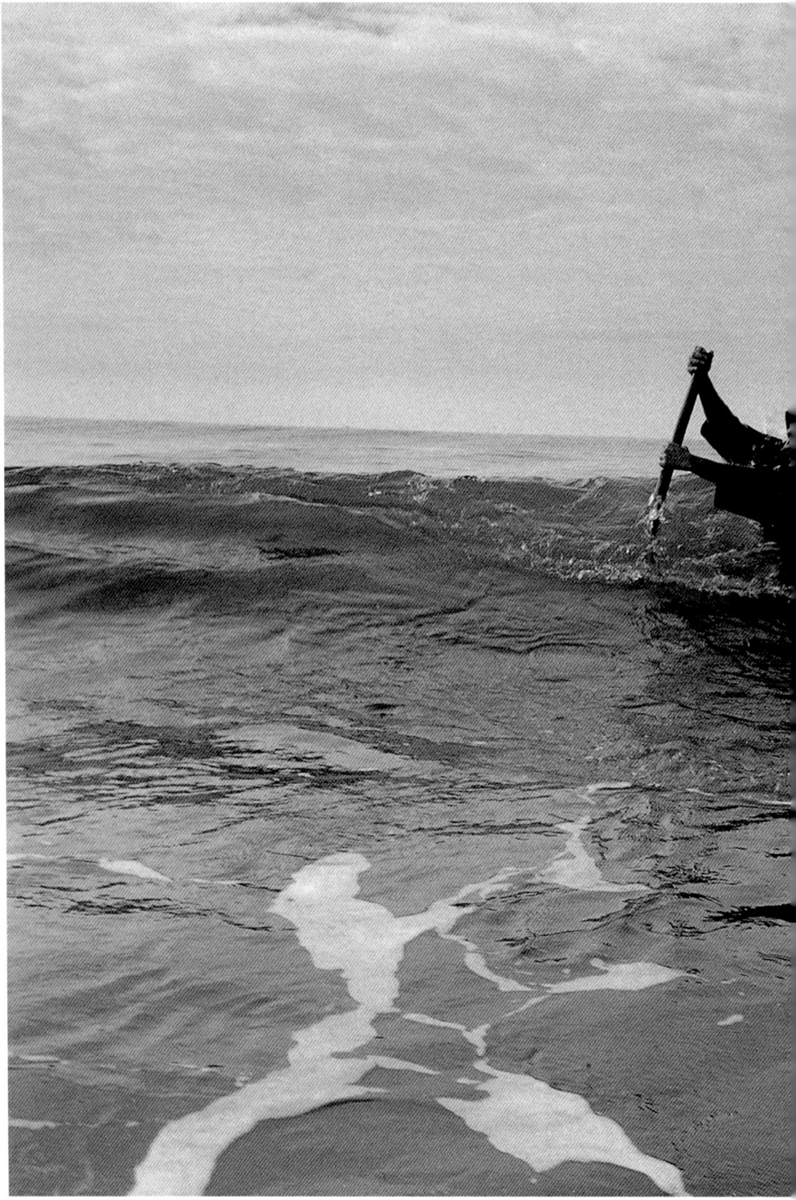

49. Pescadores de coquinas junto a Arenas Gordas. Marismas del Guadalquivir, 1991-1996

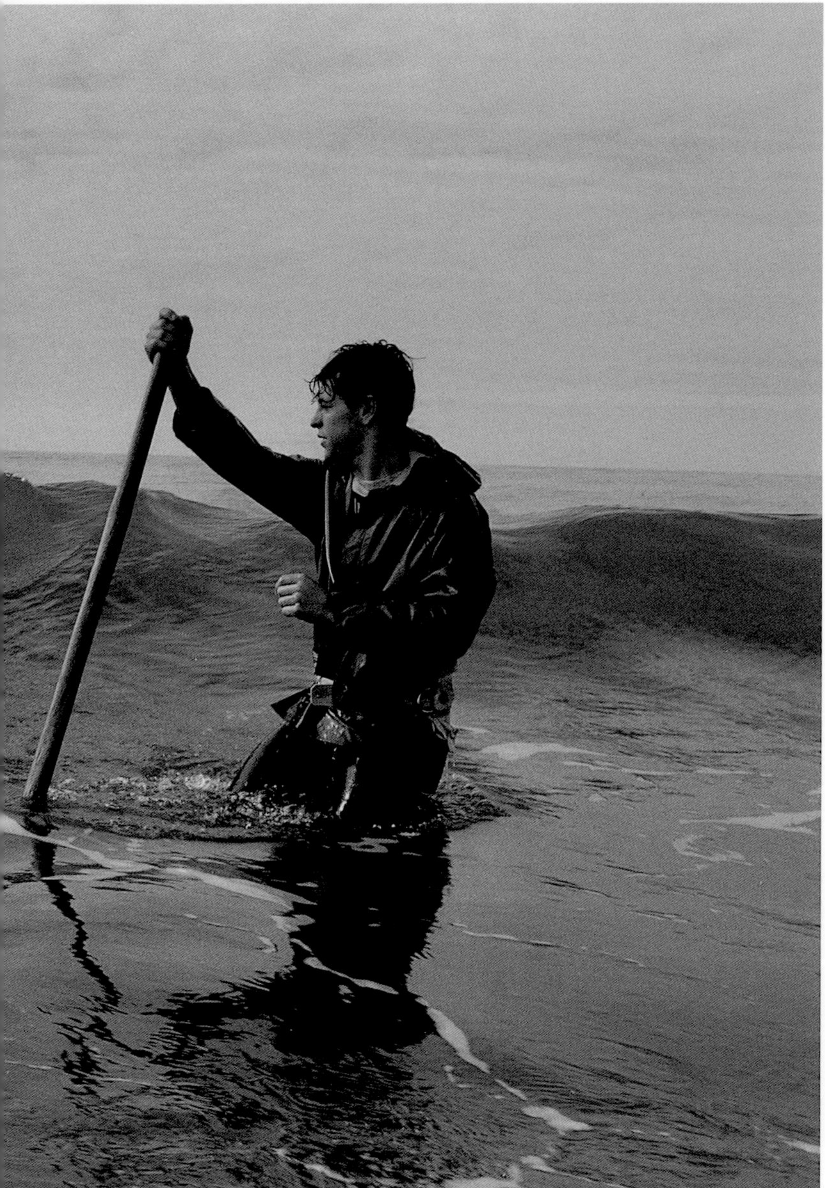

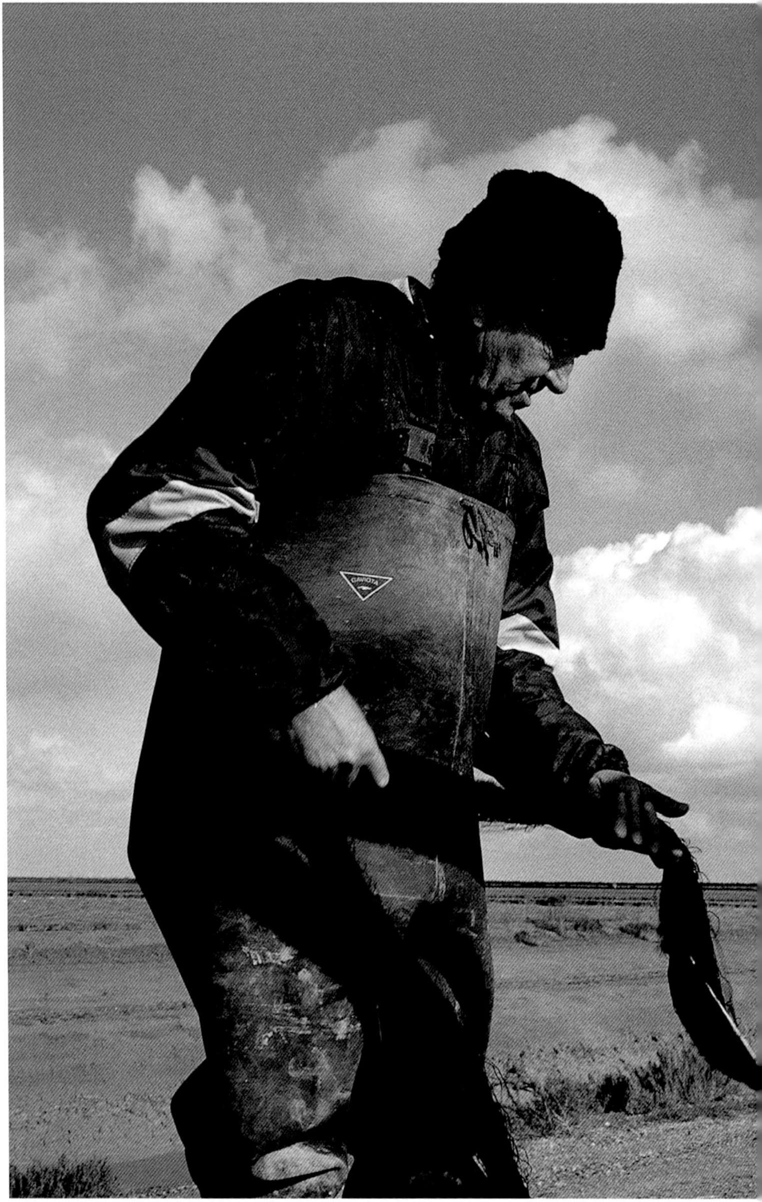

50. Pescadores en la Isla Mayor. Marismas del Guadalquivir, 1991-1996

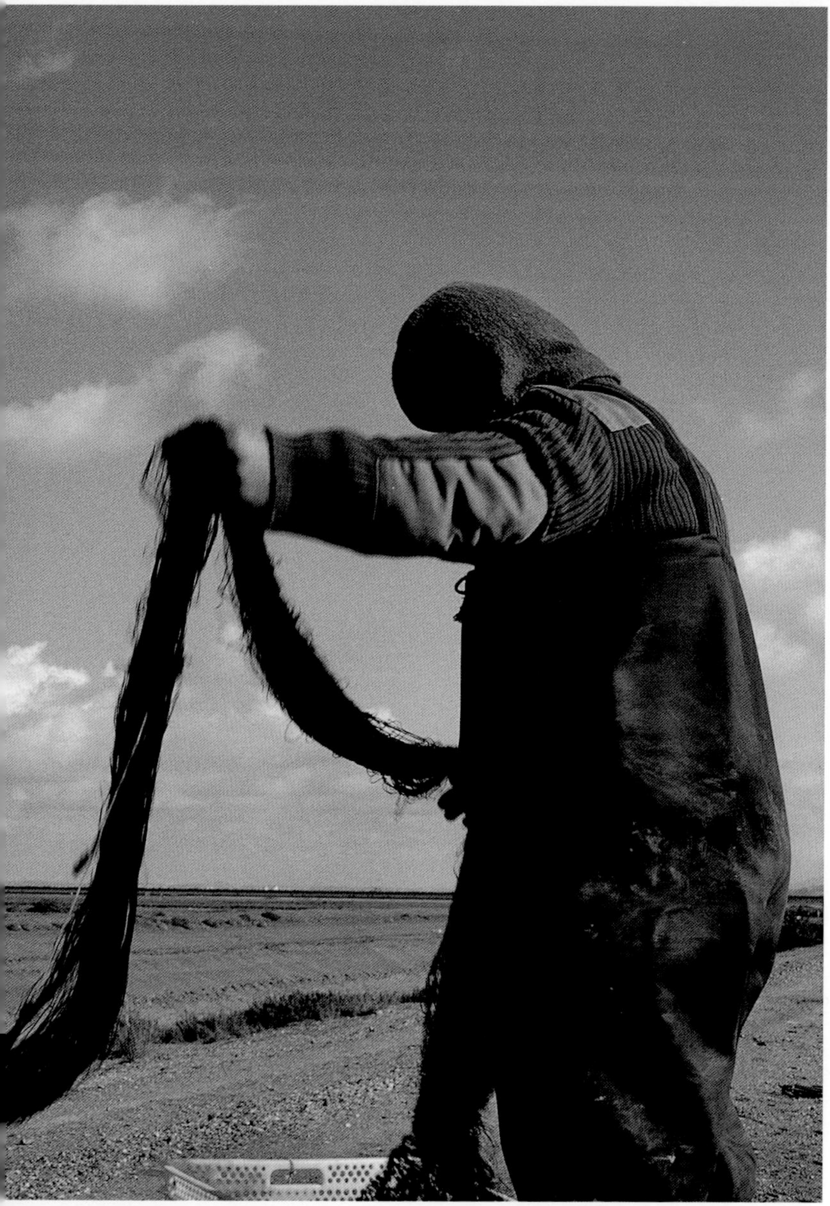

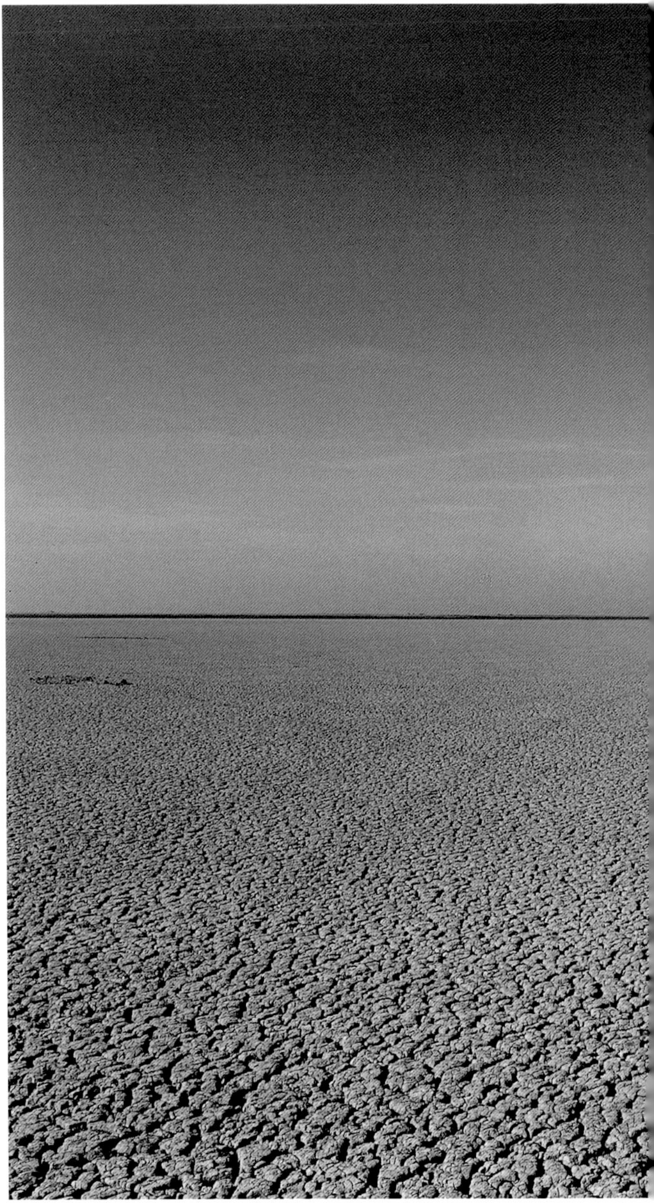

51. Lucio del Caño de la Sal. Marismas del Guadalquivir, 1991-1996

Cronología

1955 Nace en Sevilla.
1974 Comienza a estudiar Filosofía y Ciencias de la Educación en la Universidad de Navarra.
1980 Se licencia en Psicología por la Universidad de Granada.
1981 Se traslada a Madrid, donde inicia sus estudios de fotografía en la escuela Photocentro.
Empieza a trabajar en la sección de archivos y laboratorios de la agencia Cover. Allí trabaja con Jordi Socías, cofundador de la agencia y maestro.
1982 De regreso a Sevilla, empieza a trabajar como reportero fotográfico para *ABC* y después para *Diario 16* de Andalucía.
1983 Empieza su colaboración con el colectivo Equipo 28.
1987 *Diario 16* le encarga una serie de retratos de los pintores de vanguardia sevillanos.
1989 Durante quince años trabaja como fotógrafo oficial para la Universidad Internacional Menéndez Pelayo (UIMP) en su sede de Sevilla.
1990 Recibe el Primer Premio FotoPres de la Obra Social La Caixa en la mención Cultura y Espectáculo.
1992 Trabaja como miembro del Departamento de Fotografía de la Sociedad Estatal durante la Exposición Universal de Sevilla.
1993 Viaja a San Salvador de Bahía, donde comienza varios reportajes.
1994 Recibe el encargo del Centro de Artes Plásticas de la ciudad rusa de Volvogrado de realizar una serie de retratos a diferentes personalidades culturales de la ciudad.
1995 Recibe el encargo de la Real Maestranza de Caballería de Sevilla de realizar un estudio sobre el ambiente y los personajes de la Plaza de Toros.
1997 La Fundación La Caixa le concede la beca FotoPres, que le permite completar su serie sobre las marismas del Guadalquivir.
Participa en el proyecto «Cortijos, haciendas y lagares» de la Junta de Andalucía.
2001 Viaja a La Habana, donde realiza un reportaje que continúa en viajes posteriores.
2002 Participa en el proyecto expositivo y editorial *Los andaluces*, de la Junta de Andalucía.
2003 Viaja a Perú para estudiar su patrimonio monumental para la Agencia Española de Cooperación Internacional (AECI).
Participa en el Festival de las Andalucías Atlánticas, patrocinado por las fundaciones El Legado Andalusí y Alizés, en Essaouira, Marruecos.
2007 Fallece el 16 de septiembre.

Exposiciones individuales

1989 Galería Real Maestranza de Caballería, Sevilla.
1995 Ayuntamiento del Puerto de Santa María, Cádiz.
Soho Photo Gallery, Nueva York.
1996 *Imágenes de la Maestranza*. Galería Real Maestranza de Caballería, Sevilla.
1998 Galería UFCA, Algeciras.

2000 *Marismas del Guadalquivir*. Diputación Provincial de Sevilla, Sevilla; PHotoEspaña, Centro Cultural Conde Duque, Madrid.
2001 Caja San Fernando, Jerez.
2006 *Habaneros*. Grey Gallery, Barcelona.
2010 *Paisanos*. Centro Cultural Cajasol, Sevilla.
2011 *Paisanos*. Museo de Huelva, Huelva; Centro Andaluz de la Fotografía, Almería; Torre de Caja Guadalajara, Guadalajara.
2012 *... En el archivo de Atín Aya.Tauromaquias*. Galería Cobertura Photo, Sevilla.
Prueba de autor. Galería Sánchez de Lamadrid, Jerez de la Frontera.

Exposiciones colectivas

1986 El Alcázar, Sevilla.
1987 Monasterio Virgen de los Reyes, Sevilla.
1992 Museo de Arte Contemporáneo, Sevilla.
1993 Galería Buades, Madrid.
1995 Fundación Cervantes, Lisboa.
1997 Ayuntamiento de Sevilla, Sevilla.
1999 Ayuntamiento de Logroño, Logroño.
2003 Caja San Fernando, Sevilla.
2005 Monasterio Virgen de los Reyes, Sevilla.
2006 Neilson Gallery. Grazalema.
Fundación Foto Colectania, Barcelona.
2012 Galería Antiquarium, Sevilla.

Monográficos

1996 *Imágenes de la Maestranza*. Real Maestranza de Caballería, Sevilla.
2000 *Marismas del Guadalquivir*. Centro Cultural Conde Duque y Diputación de Sevilla, Sevilla.
2001 *Sevillanos*. Fundación Focus Abengoa, Sevilla.
2010 *Paisanos*. Cajasol Obra Social, Sevilla.

María Aya

Nace en Ibiza, en 1977, y reside en Sevilla desde 2007. Es licenciada en Humanidades por la Universidad Carlos III de Madrid. Se dedica a la coordinación de proyectos sociales en el ámbito no lucrativo así como a la gestión cultural. Desde 2007 es responsable de la gestión del fondo fotográfico de Atín Aya y ha comisariado diversas exposiciones de las colecciones del Archivo Atín Aya.

María Aya was born in Ibiza in 1977, and has lived in Seville since 2007. She has a degree in Humanities from the Madrid Carlos III University. She devotes herself to coordinating social projects in the non-profit field as well as to cultural management. Since 2007 she has been responsible for the management of the Atín Aya Photography Collection and has curated several exhibitions of the collections from the Atín Aya Archive.

The Hunter of Images

María Aya

One of my first associations with my father's photography is connected to the word 'adventure', an adventure with paraphernalia and similar accessories to that which my imagination understood as a part of an African safari. Atín, however, was not at all suited to the style of the intrepid traveller, but rather the contrary; he did not like long journeys for leisure purposes. And even when working he travelled just as much as was necessary, and with defined photographic aims, even though it was often necessary to visit the same place and the same people many times until he got the photograph he wanted.

He pointed out how unnecessary it was to travel to exotic worlds in order to achieve quality photographs, and I suspect that in some way he thought it was more honest to photograph and work on what one knows, what is around us. Throughout his career he carried out photographic projects in Havana, Peru, Morocco and even Russia, but his work fundamentally deals with the reality of his particular Andalusia. Yet for my adolescent eyes photographing Andalusia must have been an odyssey to judge by my father's preparations.

For the four years he devoted himself to the Guadalquivir marshes he regularly went on trips into the territory, like a patient explorer who combs through his area of interest. The enormous map of the marshes that was hanging on the wall facing his bed grew bigger by the month with annotations, yellow *post-its*, small photographs with drawing pins that marked out and illustrated important enclaves etc. He had a jeep that was well prepared for these trips, which he had provided with a mattress that allowed him to turn the wide back seat into a bed, with little black curtains in order to protect the crew from curious gazes and allow them a decent rest. Two or three tripods, a military pack full of lenses and all shorts, and a jacket with dozens of pockets made up the outfit necessary to go into the arid and sometimes humid marsh ... And he liked to go on his own.

Our Journeys

During the period when I was studying at University, in Madrid, my father had this wonderful idea about us spending time together, a full-on intensive period, just him, his Leica and me on a week-long trip. Our first destination, in 1998, was monumental Egypt. While we were strolling through busy souks and I was discovering my passion for the small markets he would photograph me almost in secret. Despite my shyness and usual ill-at-ease when facing the lens, I secretly enjoyed the attention of the camera. At the time I was already aware of the great quality of his work, and I took particular delight in the fact that, being able to take memorable photographs of all those distinguished characters and appealing landscape that surrounded us, with all that strange exotic nature that I found photographically irresistible, he decided to ignore all that and almost exclusively devote himself to those "banal" photographs – like any other tourist – in which I was the only protagonist. The following year our romantic week had a European destination, and Prague was the city chosen. In the spring of 2000 we made our third trip to New York. There my father gave me my first camera, an analogical Canon with which I started to counter his shots and take the occasional snapshot of him. We have very few photos of us together on these journeys; I don't ever recall asking anyone to take a photograph of the two of us, although I would never say when someone offered to take one. Perhaps the moment has arrived to send thanks to those willing tourist and kind New Yorkers.

The Albums

Every year, after several months of travelling, my father would give me a thick album with images and souvenirs of that week. He would take the albums and homemade covers and then would create surprising collages using b/w and colour photos printed in different sizes; photocopies of photographs in b/w; photocopies of photographs in b/w and coloured in by hand; cuttings from local newspapers, paper souvenirs that he had accumulated during the journey (tickets from airlines, the underground, museums, shows, bar receipts, foreign bank notes, my name written in Arabic ...). Each page from these albums was in itself a complete work and a masterful lesson in composition. Beneath that little veil of tracing paper that protects and adds mystery each page hides a window, an invitation to the past, to a domino effect of souvenirs full of winks and complicity.

The travel albums showed me another angle to my father's relationship with the image: the enjoyment and pleasure he found in the interaction with and communication through the medium of photography. And in this so personal work one can clearly realise the special fondness he applied to publishing the photographs, as well as the importance of aesthetics and harmony. They are images that work, which when rubbing placed next to each other, when placed next to each other, function well, and the tale gains strength, becoming a wonderful puzzle that fits together, showing how it is worth gazing upon it.

The Calm Hunter's Shot

Atín's creative impulse is opened out to the maximum, yet in the patient hunt and in the construction/composition of the snapshot. If photographers are divided into "photographers who take" and "photographers who develop", my father certainly belonged to the first group. This doesn't mean that he did not pay much attention to publishing or much less to developing – indeed he was skilful and artistic in the technique of developing and personally did this with a lot of his photographs in a little laboratory that also served as a bathroom.

But there is something special about the moment of approaching the subject/object to be photographed. His photography brought together the Bressonian photographic tradition of the "decisive moment" and the classical pictorial tradition, which is made up of and acquires detailed care in composition and a wise use of all the elements in the scene, very particularly in relation to the use of (natural) light. One of my father's skills was his management of time; his photography is full of pauses at the time of the gaze and at the moment of taking the shot, and that allowed him to produce and create with honesty. His creative work, his most personal aspect, is not the result of rushing and neither was it subject to deadlines.

His Portraits

Connected to the issue of the management of time and approaching the shot there is another important pillar of my father's work: the portrait. Atín's portraits are hieratic images that even so speak of a deep movement and approximation between the person portrayed and the photographer. Unusual characters, hypnotic gazes and entire lives rise behind the gaze of a fraction of a second…

My breath was held for precisely something more than a fraction of a second when I saw the large-size photographs that were exhibited in the Seville Borough Council in 1997, entitled "The Guadalquivir River Marshes". That was my first reaction. And from that moment on my perception of my father's profession changed completely. I understood that it was not only a matter of his work, but that "that thing" that he did was something important, something valuable and unusual, something was certainly, alongside my relationship with him, was of interest to me, greatly.

Tradition vs. Modernity

My father remained at the gates to the digital world. As the curious person he was, he was interested in the new technologies: he bought a digital camera but he ended up relegating it to family photographs, personal trips or "lesser" works; he learned to use Photoshop, and yet rapidly re-affirmed himself in the world of the analogical and returned to his red and white trays full of developing fluids.

A liking for the classical and austere is another important constant factor when one is talking about my father; it was relevant in his life and it is equally evident in his photography. And this is perhaps the reason for his distaste for the excessive manipulation after taking the photograph that began to become popular in the medium during his later years through digital photography. He use to smile to himself with patience and resignation whenever anyone invariably – usually an attractive woman – asked him to improve her image in a portrait. He used to answer, calmly and without wishing to offend anyone, that he could only reflect what existed, as if the camera did its work and he could interfere very little in this task. His reply was a quick and efficient response, comprehensible to all audiences and which left little room for protest. However, this discourse did not respond to his neglecting the resources within his reach in order to achieve an "improved" portrait but rather to coherence in relation to his manner of portraying; seeking only that which "existed" through his unique gaze.

That keenness to reach the beauty of the profound and authentic becomes a "Caballo muerto en la isla Mínima. Marismas del Guadalquivir, 1991-1996" and at the same time very precise form of working, and finally becomes concrete results: images and portraits of a unique rawness that indicate histories we would wish to be forgotten, often without avoiding enjoying, or even allowing the spectator to enjoy, the marks of age.

The Archive

That first experience of closer contact with his work, when I was twenty years old and turned up from wherever and came across the exhibition "The Guadalquivir River Marshes", is completed much more directly when at the age of thirty I start to explore his photographic archive. My first incursions into the great map cabinet and attached items of furniture – which today contain the majority of the negatives, paper copies, slides, proofs and contact sheets – reveal to me an archive with a very personal order, a simple but efficient system of reference cards and cross references, with entries both by subject matter and by number of the negative or slide.

For me the archive is a treasure. I can go months without visiting it, but then there suddenly appears a need to go through it, to locate some image, to conserve a block of slides or to order or edit some work. Or I simply feel a desire to rummage around and enjoy myself as for a little while I become that "busybody" of a daughter who observes her father's life through his photos. Stories that open up before my eyes, and which close at the same time under the appearance of little mysteries, which belong exclusively to the gaze of the person who takes the photo. Taking a photo is capricious, and always hides something, often that gaze which splashes me, that pinches me, and I realize that he is the one, the one who teaches me, with whom I learn. From among these wanderings, "strolling" through the contact sheets is my favourite one, something unique. In these one can see the "before" and "after" of his images, his way of being right, and also his way of making mistakes … his way of seeking. And I am lucky enough to have been able to have access to them, and to some photos that very few people see, to a world full of images and moments that bring me close to him, that show me what he witnessed, what he saw and what he chose.

PHoto**Bolsillo**

Director de la colección / Series Editor
Chema Conesa

Coordinación / Coordination
Doménico Chiappe

Diseño original / Original Design
Fernando Gutiérrez

Asistencia editorial / Editorial Assistance
Marta Lozano

Traducción / Translation
David Alan Prescott

Fotomecánica / Photomecanics
Cromotex

Impresión / Printer
Brizzolis

ISBN
978-84-15691-05-1

Depósito legal
M-38885-2012

Se agradece a la Fundación Focus-Abengoa por su apoyo al inventariado del archivo de Atín Aya

LA FABRICA

Editor / Publisher
Alberto Anaut

Directora editorial / Editorial Director
Camino Brasa

Director de Desarrollo / Development Director
Fernando Paz

Producción / Production
Paloma Castellanos

Organización / Organiser
Rosa Ureta

La Fábrica Editorial
Verónica, 13
28014 Madrid
Tel.: 34 91 360 1320
Fax: 34 91 360 1322
e-mail: edicion@lafabrica.com
www.lafabricaeditorial.com

Una coedición entre / A Coedition Between

LA FABRICA

cromotex
ARTES GRÁFICAS DIGITALES

BRIZZOLIS arte en gráficas